Augustin Legrand Sculp.

Manière d'exécuter méthodiquement par ce travail, de jolis Ouvrages, tels que des Habillemens, des Brassières, des Bonnets d'Enfant, des Gants, des Sacs des Bordures et autres objets d'utilité et de fantaisie. Texte explicatif enrichi de grand nombre de Dessins variés, pour Exemple.

PAR AUGUSTIN LEGRAND,

Auteur et Editeur de la Maitresse de Broderie.

Du Tricot

Simple ou Compliqué.

IMP^e. DE Me JEUNEHOMME-CRÉMIÈRE,
RUE HAUTEFEUILLE, n° 20.

AVIS

DE L'ÉDITEUR.

Le petit traité de l'art de la broderie, autrement *la Maîtresse de broderie*, convenait aux jeunes personnes pour qui le travail est un besoin et un amusement; le succès de cet ouvrage m'engage aujourd'hui à présenter aux dames celui-ci sur le tricot. Si j'ai vu avec plaisir se reproduire sous de jolis doigts, mes dessins de broderie, et avec plus de goût, de netteté et de fraîcheur qu'ils n'en présentaient réellement, je n'ai pas moins admiré de jeunes mamans et de très-aimables bonnes mamans qui s'occupaient d'ouvrages au tricot. Le but d'utilité qui les faisait entreprendre ne me parut point exclure le goût et l'agrément que l'art peut prêter à ce travail. Tout glorieux d'être consulté sur les divers dessins qui pourraient lui convenir, je conçus le projet d'en composer une collection très-variée qui put en rendre l'exécution plus parfaite et plus agréable. Je consultai à mon tour de très-aimables *tricoteuses* qui m'initièrent suffisamment dans les secrets de leur art, pour en former un ensemble que j'offre aux dames. L'exemple suivra la description, et mon dessin, par son trait, développera ce qui pourrait être peu intelligible dans le texte.

Le travail du tricot semble

plus commun que celui de la broderie, et peu convenable à bien des personnes distinguées; mais je l'ai vu si agréablement exécuté, qu'il prendra certainement le caractère noble de la broderie dans les mains d'une tendre mère qui veille à la conservation de son enfant, autant qu'à l'élégance et au choix de sa parure.

Le tissu de soie, de coton, de laine, simple ou double n'est-il pas habituellement employé pour les vêtemens de l'*enfance*, *de l'âge mûr et de la vieillesse ?* Il garantit le corps de l'influence de l'air qui, dans bien des rencontres, a causé *aux femmes* des maladies aiguës, et même mortelles ; voilà donc son utilité bien reconnue. Le plaisir qui résulte de ce travail n'est pas moins certain : car voyez avec quelle satisfaction et quelle constance, cette bonne maman perfectionne ces petites brassières, ces bonnets, en un mot, ces tissus légers qui devront entretenir une douce chaleur dans les membres débiles de son petit-fils, et embellir cette charmante créature tant désirée.

C'est bonne maman qui a fait tout cela, dira encore la jeune mère, bien sûre, il est vrai, d'attirer de nouveau, par cette remarque, l'admiration sur son bel enfant; mais qu'importe cette petite malice, puisque chacun trouve ici sa part de contentement.

Ce que la bonne maman a pu faire, pourquoi la jeune

épouse, la sœur, l'amie, ne le ferait-elle pas? Enfin, pour encourager nos dames et les déterminer à s'occuper de ce joli travail, nous leur disons que l'emploi de ces tissus présente encore un avantage bien inappréciable, outre l'élégance, une propreté, une blancheur sur-tout, qui ont bien leur mérite.

Le travail du tricot convient aux personnes peu appliquées: c'est un mécanisme assez simple; dans nos campagnes, après le filage, il occupe la majorité des femmes. J'ai, près de moi, un jeune normand (quittant la maison paternelle), dont le vêtement entier est filé et tricoté par sa mère. Que cette mère doit en être glorieuse!

Notre intention n'est pas cependant d'enseigner à tricoter des bas, des gilets, et autres objets qui s'exécutent bien plus promptement sur le métier qu'à la main; ce sont des dessins que nous voulons rendre par le moyen du tricot, et que l'on pourra adapter à tout ce qui prendra en fantaisie de faire.

Ce petit *Traité du Tricot* sera en France aussi neuf que le fut la *Maîtresse de Broderie* ; cependant nous ne nous en attribuons pas tout le mérite de l'invention. Avant nous, deux Allemands (MM. *Nitto* et *Lehmann*) ont conjointement gratifié leur patrie, la ville de *Leipsick*, d'une très-longue et très-minutieuse instruction intitulée l'*Art du Tricotage*. Ils ont même cité, comme autorité à l'appui de leurs leçons, un fameux M. *Dubois* qui tricotait à perte de vue, et faisait l'admiration de toutes les tricoteuses allemandes, par sa surprenante habileté, et sur-tout par ses ingénieuses inventions. Nous ne donnerons point à cet ouvrage l'importance que ces Messieurs ont attaché au leur, l'envisageant seulement sous le point de vue du goût et de l'agrément, nous ne parlerons du mécanisme du tricot que comme moyen d'exécution.

L'invention du tricot paraît fort reculée; ce travail était connu depuis très-long-temps sous le nom de *filet*, lorsqu'au seizième siècle on imagina de tricoter à l'aiguille. Avant l'an 1527, les Français possédaient ce talent, et regardaient les Écossais comme leurs maîtres. Les Anglais prétendent que l'honneur de cette invention appartient aux Espagnols qui la firent passer en Italie, et qu'elle parvint en Angleterre de 1561 à 1564. Ce qui est certain, c'est que dès l'année 1574, on employait dans les ordonnances rendues sur la pêche en *Brandebourg* les expressions, *faire du filet*, *navette*, *moule*, *maille et aiguille à tricoter*.

Le résultat de cette invention est tout ce qui peut intéresser. Si dans cet ouvrage nous avons réussi à joindre l'utile à l'agréable, notre but sera rempli.

Du Tricot

SIMPLE OU COMPLIQUÉ.

ARTICLE PREMIER.

Du Filet, premier tricot connu.

Puisque les filets pour la pêche et la chasse sont les premiers tricots connus, quoique grossiers, nous commencerons ce petit *Traité* par une description aussi claire que possible de cette espèce de tricot appliqué aux divers objets de fantaisie et d'utilité pour l'usage des dames.

Section première. Avant tout, il faut avoir un moule sur lequel se font les nœuds coulans ; il doit avoir la forme d'une aiguille à tricoter, et il peut être ou de bois, ou de métal, ou d'ivoire. Il faut de plus une navette (aiguille propre à faire le filet), fendue par le haut et par le bas, comme une fourche. Les deux fourchons forment un ovale pointu, et se rapprochent par leurs extrémités. Le fil est passé dans les fourchons de cette navette en longueur. L'on se sert de moules et de navettes plus ou moins forts, suivant le degré de force ou de finesse qu'on veut donner au filet. Il y a des moules de toutes les grosseurs en bois ou en ivoire. (*Planche* 1.)

Sect. 2. Pour expliquer le travail du filet de la manière la plus claire et la plus précise, nous allons numéroter les doigts de la main gauche : que le pouce soit le n° 1, l'index le n° 2, le majeur le n° 3, l'annulaire le n° 4, et l'auriculaire le n° 5. Un fil noué par les deux bouts, et formant une grande boucle, est attaché à une pelotte ou à un crochet. L'on noue à ce fil le bout de celui qui est sur la navette. Cela fait, il faut prendre le moule entre le pouce et l'index de la main gauche, et avoir la navette dans la main droite. Après avoir placé le moule sous le fil noué de la navette, on passe ce fil par-devant autour du n° 4, jusqu'à ce qu'il se trouve derrière au-dessus du moule où il est saisi par le pouce qui tient bien ce nœud coulant. De là, on conduit le fil en bas derrière les quatre doigts, en faisant le tour du petit doigt; on passe en bas la navette dans le nœud coulant retenu par le n° 4, et de plus dans le fil noué par les deux bouts. Cela fait, on tire à soi la navette; le n° 4 lâche tout doucement le nœud coulant, tandis que le n° 3 se retire. Le nœud coulant se trouve alors entièrement achevé, et il ne reste plus qu'un fil autour du n° 5. Le petit doigt lâche aussi ce fil tout doucement en se rapprochant entièrement du moule, et se dégageant ensuite; le fil est très-fortement serré, alors la maille se trouve faite et sur le moule. Il faut que le petit doigt retienne le fil aussi long-temps que possible, afin que la maille ne se noue pas: car elle ne pourrait se dénouer, vu que le nœud formé par cet entrelacement, est très-serré. On prévient cet accident, en serrant doucement le moule avec l'index de la main gauche, tandis que l'on tire le fil; on fait de cette manière une seconde maille et autant qu'il en faut pour la largeur du tissu. Après cela, les mailles sont ôtées de dessus le moule, le filet est retourné, et l'ouvrage se continue de gauche à droite, etc.

La beauté du filet consiste principalement dans l'égalité des mailles : ce qu'on obtient par une tension continuelle et égale du fil. (*Planche* 2.)

SECT. 3. *Le filet rond* se fait comme le filet ordinaire, avec cette différence qu'au lieu de passer la navette dans une maille de bas en haut, on la passe de haut en bas. De cette manière, les mailles deviennent rondes, et le tissu reçoit beaucoup d'élasticité. Par-tout le fil a l'air d'être tors. (*Planche* 2.)

SECT. 4. *Le filet à baguettes* se commence de même que le filet ordinaire. Lorsqu'il y a deux rangées de finies, on passe deux fois le fil autour du moule avant de faire le nœud; on fait ainsi, une rangée de longues mailles, suivie de deux, ou même plus de rangées à mailles courtes; après en vient une de longues mailles, et ainsi de suite jusqu'à la fin. Tout l'ouvrage a des trous longs ou carrés alternativement. La grande maille sera plus agréable en filet rond. (*Planche* 2.)

SECT. 5. *Le filet, fond de Berlin,* se fait de la manière suivante : après avoir fait quelques rangées de mailles ordinaires, on passe le fil une fois autour du moule; au lieu de prendre de suite la maille suivante, on la cherche avec la pointe de la navette à travers celle qui se trouve dessus; l'ayant courbée un peu vers soi, on y passe la navette, et l'on tire fortement le fil. La maille voisine un peu tirée par-là, s'avance et forme une petite oreille ; elle est achevée aussitôt de la manière ordinaire ; après cela, on passe le fil autour du moule, et l'on procède, comme il vient d'être enseigné, jusqu'à la fin de la rangée, en observant d'alterner. Lorsqu'on ôte les mailles du moule, il s'en trouve alternativement de grandes et de petites. Dans la rangée suivante, elles sont toutes égales; mais il faut bien prendre garde à la tension du fil, parce que de deux nœuds, l'un doit être lâche, lorsque la maille est petite ; c'est-à-dire, que l'on ne doit pas approcher le nœud tout près du moule. La troisième rangée est faite comme la première, et la quatrième comme la seconde, et ainsi de suite. Dans la première rangée, la maille voisine de celle qui est entrelacée, se trouve un peu étroite; mais, dans les suivantes, elle est plus grande, et se tricote aussi commodément que les autres. (*Planche 2.*)

Sect. 6. *Le filet, fond de Berlin, à mailles égales*, se fait ainsi : lorsqu'il y a quelques rangées de mailles ordinaires de faites, on met le fil comme de coutume, sans le passer autour du moule; mais avant de faire une maille, il faut la chercher, comme dans le filet, fond de Berlin, à travers celle qui se trouve dessus. La maille voisine qui se tend aussi en prenant la forme d'une petite oreille, est tricotée de suite comme à l'ordinaire; la troisième se fait de même que la première, et ainsi de suite. La rangée suivante se fait de la manière accoutumée; mais la troisième doit être semblable à la première, et la quatrième semblable à la seconde. Ce filet se continue de la sorte jusqu'à la fin. (*Planche* 2.)

Sect. 7. *Le filet à carreaux*, ainsi que le filet, fond de Berlin, se fait en grandes pièces. On commence par faire deux rangées de filet ordinaire, après lesquelles vient le filet à carreaux. A la première maille, il faut passer le fil une fois autour du moule, et prendre la maille, comme dans le filet ordinaire, avant de faire le nœud; la seconde maille doit être régulière, et la troisième comme la première, et toute la rangée se continue de la sorte. En ôtant les mailles, on en trouve alternativement de grandes et de petites. Cette rangée inégale est retricotée en mailles égales, de la même manière que le filet de Berlin à mailles inégales, en observant aussi de ne pas approcher le nœud du moule en prenant la petite maille; mais la suivante doit être comme la première, et l'on continue de la sorte jusqu'à la fin de l'ouvrage. Ce tissu, dont les rangées sont alternativement comme la première et la deuxième, a en grand la plus belle apparence. (*Planche* 3.)

SECT. 8. *Le filet à franges* se fait ainsi : on met sur la navette de la soie noire ou de couleur, mais quadruplée; ensuite il faut prendre un moule un peu fort, et faire trois rangées de mailles ordinaires, dans une longueur de six à huit aunes d'Allemagne, ce qui fait environ trois ou quatre aunes de France. Il est nécessaire après cela d'avoir une petite planche longue de douze pouces, et large d'environ un pouce et demi, ou, à parler d'une manière plus déterminée, d'une largeur égale à la longueur qu'on veut donner aux franges. Cette petite planche tient lieu de moule, et l'on noue dessus les longues mailles. Lorsqu'on veut rendre la frange touffue, on fait quatre longues mailles, ou plus dans une seule des petites; après être parvenu à la fin de la rangée, on coupe les longues mailles par en bas, ce qui les change en frange. (*Planche* 3.)

SECT. 9. *Filet en* RACONI. L'on peut aussi faire du filet avec des rubans dits *raconis*. Ce ruban doit être mis sur la navette comme un fil de soie ou un autre; mais il faut un moule un peu fort. Rien n'empêche d'employer ce ruban double; dans ce cas, il faut choisir le plus mince, pour que les nœuds ne soient pas trop gros. (*Planche* 4.)

Sect. 10. Pour tricoter des bourses en filet, il est nécessaire de prendre de la soie dite à filet, qui ne soit pas trop torse. D'abord on tricote en rond une certaine partie toute de mailles ordinaires, qu'on est libre de faire suivre d'une rangée et d'une autre de trous ronds. Rien n'empêche de faire des bourses avec du raconi. Tout ce qui a été dit du filet par rapport aux bourses, est applicable aux sacs à ouvrage. (*Planche* 4.)

Sect. 11. On peut aussi faire de très-jolies collerettes en reprenant sur la lisière d'une bande de filet rond ou quarré, avec un gros moule, trois mailles de suite dans la même maille : en passer une, et reprendre dans celle d'après encore trois mailles, ainsi de suite. Cette rangée finie, on reprend dans toutes les mailles, avec un moule fin, deux autres rangées, ce qui forme un picot. (*Planche* 4.)

SECT. 12. On fait également des bordures isolées pour adopter à des bandes de gaze ou linon, etc. On commence sur un gros fil comme pour le filet ordinaire dont on fait d'abord une rangée avec un très-gros moule; au second tour, avec le même moule, l'on prend douze mailles dans chacune des mailles du premier tour; ensuite, avec un moule très-fin on fait une rangée au dessus de ces grandes mailles, ce qui produit un picot; et la première rangée doit être cousu tendue, afin de former une dent ronde à jour, qui est très-agréable. (*Planche* 5.)

ARTICLE II.

Du Tricot à l'aiguille.

Le travail du tricot se fait avec deux aiguilles, dont le jeu alternatif dure jusqu'à ce que le fil soit changé en nœuds coulans, et forme un produit proposé, comme un bas, un bonnet, une bande, etc. Chaque entrelacement séparé s'appelle maille. Quand celle-ci est achevée, elle forme deux lignes perpendiculaires ou deux petits cordons. Les mailles ont toutes la même figure dans un travail circulaire ; mais celui d'une bande faite avec deux aiguilles produit deux espèces de mailles, dont les unes forment l'endroit et les autres l'envers. Pour n'en avoir d'un côté que d'une façon, on met le fil par devant l'aiguille sur laquelle sont les mailles, après quoi on met l'aiguille à tricoter dans la première maille du sens opposé, et on tire le fil à travers les mailles par devant. Cette opération s'appelle tricoter à l'envers. En fourrant ainsi l'aiguille lorsque le fil est derrière, et faisant passer la pointe en dessous, on obtient une maille retournée. Ces trois sortes de mailles : l'unie, la retournée, et celle à l'envers, étaient les seules connues anciennement, et sont encore employées pour les côtes, les points de couture et quelques coins. Nous allons maintenant tâcher d'expliquer la manière de faire un bas.

Premièrement, il faut choisir le fil propre, égal, et qui ne soit pas trop tors. Les aiguilles ne doivent pas être trop courtes, afin que les mailles ne puissent pas échapper. En ayant attention de faire la maille sans secousse, de ne pas tendre le fil, et d'employer des aiguilles proportionnées au fil, on obtient un tissu élastique et léger. En quittant une aiguille pour en prendre une autre, il faut serrer un peu plus son ouvrage; sans cette précaution le bas se trouverait marqué de quatre raies, que le blanchissage même ne saurait faire disparaître.

L'on commence un bas par l'entrelacement d'un fil sur une ou deux aiguilles à tricoter. Pour cela il faut prendre les aiguilles de la main droite, tenir de la gauche le fil simple ou double, et faire des nœuds coulans. Un bas de femme, d'une moyenne grosseur, exigera qu'on fasse sur chaque aiguille de vingt-six à trente mailles, suivant la force de la jambe; mais si le fil est tors, il n'y en aura pas trop de trente-six, même de quarante sur chaque aiguille.

Après avoir fait un nombre suffisant de mailles, on tricote un petit bord, suivant un modèle quelconque. Ce petit bord tient lieu d'ornement, et empêche le bas de se rouler. Le bas se continue tout droit jusqu'au mollet; parvenu à ce point, on est obligé de rétrécir insensiblement son ouvrage; pour y parvenir, on y consacre les deux aiguilles de derrière, et laissant de chaque côté la maille près du point de couture, on prendra deux mailles à la fois au lieu d'une, et on aura soin de ne diminuer que toutes les deux rangées. On ne diminue qu'une maille à la fois sur chaque aiguille, lorsque le mollet d'un bas doit être fort; l'on commence dès le jarret à augmenter le nombre des mailles, et en se servant pour cela des deux aiguilles de derrière : il faut, près de la couture, lever une maille dans l'intervalle qui se trouve entre deux autres mailles, et la tricoter avec les autres.

Les fleurs ou couronnes des coins doivent commencer au milieu du mollet, afin qu'elles se trouvent au milieu du bas; il faut compter toutes les mailles des quatre aiguilles, en laissant sur celles de derrière en plus, la quantité de mailles qu'on juge avoir encore à diminuer suivant la grosseur du mollet; on divise la totalité en deux, et on commence les coins à cette place de chaque côté. Ils se continuent ensuite jusqu'à la séparation du talon. Lorsque le bas est à ce point, il se partage en deux parties, la partie de devant cesse d'être travaillée, tandis que le talon se continue avec les deux aiguilles de derrière, et pour que le travail ait toujours son endroit, il faut tricoter à l'envers lorsqu'on se trouve regarder l'envers. Afin que le talon prenne sa rondeur, il faut, laissant unies les huit ou dix mailles du milieu, faire des diminutions de chaque côté à toutes les rangées. Dès que le talon est achevé, on prend toutes les mailles de la lisière, et on continue l'ouvrage en rond avec les deux aiguilles du dessus de pieds jusqu'à la naissance du gros orteil où on commence à rétrécir deux mailles de chaque côté, jusqu'à ce qu'il n'en reste plus que cinq qu'on entrelace l'une dans l'autre, de manière qu'il n'y en ait plus qu'une; alors le fil est passé dans cette maille, et tiré avec un peu de force pour terminer le bas. (*Planche* 6.)

ARTICLE III.

Du Tricot à maille retournée ou à cordon. (*Planche* 7.)

Nous avons expliqué précédemment la manière de faire ce tricot : il suffira de dire qu'étant moins élastique que l'uni, il est propre à faire des bourses, des bordures, des cordons de montres, des jupes, des robes d'enfant, et surtout les ouvrages en perles.

ARTICLE IV.

Du Tricot élastique à côtes. (Planche 7.)

Ce travail, des plus agréables, se fait en tricotant une, deux ou trois mailles à l'endroit, suivant la largeur qu'on veut donner aux côtes, et autant à l'envers. Observant que pour faire la côte, il faut alternativement passer le fil devant pour l'envers, et le repasser derrière pour l'endroit. On peut varier les côtes suivant le goût.

Le bas à côtes se tricote de même que l'uni, avec cinq aiguilles; mais il n'y a pas le moindre inconvénient de mettre quelques mailles de plus, attendu que les côtes en deviennent plus apparentes.

ARTICLE V.

Du Tricot à grains d'orge. (*Planche* 8.)

Celui-ci n'est autre chose qu'un tricot à côtes d'une maille contrariée, c'est-à-dire, que la maille qui a été faite à l'endroit, on l'a fait à l'envers; et qu'au contraire celle qui été faite à l'envers doit être tricotée à l'endroit. L'on peut varier de différentes manières; entr'autres en faisant une colonne de points à jour, comme on le voit. (*Planche* 8.)

ARTICLE VI.

Du Tricot double.

Ce travail se fait par lé. On le commence de la même manière que le tricot ordinaire; et quand la bordure (si c'est pour une jupe) est faite, on prend la première maille sans la tricoter, on passe son fil devant son aiguille comme pour une côte, on prend également la seconde sans la tricoter, on repasse son fil et on tricote la troisième à l'endroit, on repasse encore son fil, et on ne tricote pas la quatrième, et ainsi de suite à chaque maille jusqu'à la fin de la rangée. A la rangée suivante, qu'on fera de la même manière, on fera bien attention de tricoter la maille qui n'aura pas été tricotée, et de ne pas tricoter celle qui l'a été.

Ce travail très-élastique et très-doux, est propre à faire des jupes et des couvertures de lit.

ARTICLE VII.

Des Points à jour. (*Planche* 8.)

Avant d'enseigner aux dames à faire de jolis bonnets d'enfans, il est nécessaire de leur enseigner à faire les points à jour, qui seuls en font la beauté.

Afin que les trous du tricot à jour soient beaux, il faut d'abord choisir un fil très-égal, assez tors, et bien tendre les mailles en les ôtant. Les trous se font de cette manière : au lieu d'une maille, il est nécessaire d'en prendre deux comme pour rétrécir, de passer son fil par-dessus l'aiguille comme pour tricoter une maille, de manière que ce fil forme une maille à la place de celle rétrécie. Au tour suivant qui se fait uni, on prend ce même fil comme maille.

Pour les jours ordinaires, il faut, à la troisième rangée qui se fait à l'endroit, former son jour avant de rétrécir, et prendre dans la diminution la maille qui se trouve dans le jour de la première rangée.

Pour les jours contrariés, au contraire ; il faut faire la diminution avant de former le jour, et y comprendre la maille qui se trouve dans le jour de la première rangée.

Pour les colonnes, il faut toujours former son jour avant de rétrécir, et prendre la maille dont il vient d'être parlé dans la rétrécissure.

Les trous en long ou à baguette, (*Planche* 9.) se font de la même manière, si ce n'est qu'au second tour, non-seulement le premier fil, mais encore le second, ne sont pas relevés. Au troisième tour, ils sont relevés à la fois avec l'aiguille ; après les avoir tournés, on en fait une nouvelle maille, ce qui produit un trou en long, ou en forme de baguette.

ARTICLE VIII.

Du Tricot à dents. (*Planche* 9.)

Il faut d'abord faire trois ou quatre rangées à l'envers, et une à l'endroit. Après cela, pour commencer les dents, on prend la première maille sans la tricoter, et on en tricote deux à la fois comme pour une diminution ; alors on compte une en faisant cette maille : on en fait quatre simples, ce qui fait cinq ; on en peut faire jusqu'à sept, suivant la largeur qu'on veut donner aux dents ; ensuite on passe le fil sur l'aiguille comme pour un jour, on tricote une maille et on rejette son fil, ce qui donne deux élargissures. En tricotant cette dernière maille, on compte deux, et on tricote trois mailles simples, ce qui fait cinq, on fait alors deux diminutions, et on compte une à la dernière (ce à quoi on fera attention pour toutes les dents). La dent se trouve alors formée, et on en recommence une autre de la même manière. Observant de compter une à la dernière diminution, et deux à la dernière élargissure, et toujours la rangée à l'envers unie.

Lorsqu'on aura sept à huit jours de formés au-dessus l'un de l'autre dans les dents, on fera trois ou quatre rangées à l'envers, une à l'endroit, et on recommencera le travail des dents. On peut en former ainsi autant qu'on voudra l'une sur l'autre.

Il faudra toujours avoir soin de commencer et de finir dans une demi dent de rétrécissure pour que les lés se rapportent mieux.

ARTICLE IX.

Du Point à jour à mailles croisées.
(*Planche* 10.)

Ce tissu se fait par lé en faisant toutes les rangées à l'endroit; ce qui forme un tricot ordinaire d'une rangée à l'endroit et une à l'envers, en observant à la première rangée, de jeter son fil deux fois autour de l'aiguille pour former de grandes mailles; cette rangée achevée, on fera la seconde en tricotant la seconde maille au travers de la première, et ensuite celle-ci qui était restée sur l'aiguille de gauche. On fera toute cette rangée de cette manière et en ne jetant son fil qu'une fois autour de son aiguille, comme pour le tricot ordinaire; on fera la troisième comme la première, et la quatrième comme la deuxième.

ARTICLE X.

Du Tricot de Berlin. (*Planche* 10.)

Les jours du tricot de Berlin se font de la même manière que les jours ordinaires, à cette différence près qu'on en forme à toutes les rangées ; en observant que pour les rayures en long, l'on prend toujours dans la rétrécissure le jour formé à la précédente rangée, et ayant soin de faire les diminutions alternativement à droite et à gauche de la rayure, pour former un zig-zag semblable *à la bride* (espèce de point à jour que font les lingères.) Et qu'au contraire pour que les rayures se trouvent de biais, il faut faire la diminution avant ou après, suivant le côté où doit pencher la raie, prenant toujours pour principe que de quelque côté que soit la rayure, la diminution doit se trouver dessous le jour. Ce principe une fois bien conçu, on pourra exécuter tous les jolis dessins qu'on remarque aux bas à jour, qui se font au métier.

Ce genre de tricot, exécuté avec du coton retors très-fin et des aiguilles fines, est propre à faire des manches, des bouts de manches, des chemisettes, pour mettre aux corsets, même des collerettes.

Pour faire des manches en tricot de Berlin, comme elles sont destinées à être posées après des robes de mousseline, elles doivent être très-soignées, et par conséquent faites comme les bas avec cinq aiguilles. On choisira une jolie bordure pour le bas. Dès qu'elle sera faite, l'on diminuera toutes les quatre rangées jusqu'à ce qu'on ait trois pouces d'ouvrage de fait, alors on fera un petit poignet au milieu duquel on peut faire des jours à baguette pour recevoir un ruban de soie. Ensuite on continuera le fond qu'on aura choisi en élargissant toutes les six rangées jusqu'au coude; après quoi l'on fera environ six pouces suivant la longueur du bras sans élargir : puis on élargira toutes les quatre rangées l'espace d'un pouce et demi, pour former une espèce de gousset sous le bras, et pour l'échancrure ; on suivra un patron pour plus d'exactitude.

ARTICLE XI.

Du Tricot bazin. (Planche 2.)

On le monte comme le tricot ordinaire. Ensuite, on ne tricote pas la première maille, on jette son fil comme pour un point à jour, et on tricote toutes les mailles, en jetant son fil toutes les deux mailles. Si cette rangée se termine par la maille qui a suivi le fil jeté, on la tricotera à la rangée suivante, en pressant ce fil avec, comme pour diminuer, et on jettera son fil après, en observant de jeter toujours son fil après avoir tricoté la maille double.

Ce travail, qui se fait sans envers, est très-joli, très-chaud et très-solide pour jupes.

Il est une autre sorte de bazin. On

y peut employer deux couleurs, et former une jolie rayure en long. On jette son fil comme pour le précédent toutes les deux mailles, mais on ne tricote pas celle qui suit le fil jeté; et pour l'endroit, au lieu de prendre la maille double comme au précédent, on laisse tomber le fil à l'envers.

ARTICLE XII.

Du Tricot peluché.

Il suffit de ſaire un tricot ordinaire. On prendra pour former la peluche, telle matière qu'on jugera plus chaude, et afin qu'elle soit d'égale longueur, on prendra une aiguille de baleine ovale que l'on conduira conjointement avec les aiguilles de rechange, en prenant toutes les six rangées, le fil de la peluche qui aura ſait le tour de l'aiguille ovale, et qui sera sur le doigt du milieu, dans deux ou trois mailles avec celui du tissu, et on laissera quatre mailles sans le prendre. La beauté de l'ouvrage consiste dans l'égalité de la peluche, et à ce qu'elle soit prise à la ſois suivante dans le milieu de la distance.

ARTICLE XIII.

Du Tricot, façon de tule. (Planche 11.)

Malgré que cet ouvrage se fasse très-promplement au métier, j'ai cru devoir indiquer la manière de le faire à l'aiguille (qui n'est pas connue).

Pour commencer l'ouvrage, il faut comme au bazin jeter un fil toutes les deux mailles ; ensuite, à la deuxième rangée, il faut prendre, avec le fil jeté à la première, une maille de chaque côté : ces deux mailles doivent passer à l'endroit par-dessus ce fil jeté, et entrer dedans de manière qu'il semble faire cercle au-dessus d'elles. A cette rangée, il faut que le fil jeté le soit entre les deux cercles dont il vient d'être parlé, et faire passer à la rangée suivante, une maille de chacun de ces deux cercles dans celui-ci.

Avec ce travail on peut exécuter des jupes, des camisoles, etc., aussi-bien que des collerettes.

ARTICLE XIV.

Des Aiguilles à crochet.

Ces aiguilles, de longueur ordinaire, doivent avoir à l'une des extrémités un petit crochet semblable à celui des aiguilles de tambour.

Pour tricoter avec ces aiguilles, il faut après avoir tourné son fil autour du poignet gauche pour lui donner une légère tension, le tenir sur l'index de la même main, afin qu'il se trouve prêt à être saisi par le crochet qui sortant avec le fil de la maille où il était entré, en forme une nouvelle qui reste sur cette aiguille.

On conçoit aisément que ce travail ne peut manquer de produire une grande économie de temps, et une plus grande régularité dans l'ouvrage. On prétend même qu'au moyen de ce procédé, il est possible de faire un bas dans une heure.

Tous les genres de tricot se peuvent exécuter avec ces sortes d'aiguilles ; mais elles sont sur-tout recommandées pour employer le fil d'or et d'argent, parce qu'occasionnant moins de secousse et de frottement, elles usent moins le métal, et l'ouvrage en demeure plus brillant.

ARTICLE XV.

De la Forme à donner à divers vêtemens.

Sect. Ire. *Des camisoles de nuit.*

Pour faire ces camisoles, quel qu'en soit le fond, il faut les commencer par en bas et sur une aiguille, lorsqu'on est parvenu aux aisselles, on divise son ouvrage en trois parties égales en laissant environ deux pouces qu'on termine sous chaque bras, et l'on prend deux autres pelottes qu'on conduit avec la première pour faire en même temps les trois parties; et en menant ces trois parties, on commence à diminuer les deux devans qui, sans cela, deviendraient trop larges. Lorsqu'on juge que l'entournure est assez grande, on prend une troisième aiguille, on divise son dos en trois, et s'arrêtant à une entournure, on met les deux aiguilles avec lesquelles on tricotait près l'une de l'autre: et, prenant une maille de chaque à la fois avec la troisième aiguille, on la tricote; puis deux autres tricotées de la même manière pour n'en faire qu'une : ce qui forme sur l'aiguille de droite deux mailles, dont on abat celle de derrière par devant, de manière qu'il n'en reste qu'une; alors on continue à tricoter et à abattre, comme à la première, jusqu'au tiers du dos, puis tricotant les deux tiers du dos restant, on fera la deuxième épaulette comme la première a été faite; et ensuite on fera le collet comme on le désirera.

On peut faire une bordure quelconque autour de la camisole en prenant toutes les mailles du tour sur son aiguille.

Toutes les grandes pièces se commencent par en bas, et avec de grandes aiguilles.

SECT. 2. *Des Chemises.*

Les chemises se font ordinairement de deux lés qu'on commence à diminuer vers le milieu de la jupe des deux côtés. On peut faire le dos tout droit, ou l'on suivra tel modèle qu'on jugera convenable. Quant au lé de devant, on le divisera en deux, et on le continuera comme il a été expliqué pour les camisoles, en observant de toujours terminer quelques mailles pour le dessous de bras. On terminera les épaulettes comme aux camisoles; et celles qui devront être échancrées le seront en tricotant d'après un modèle adopté.

SECT. 3. *Des Manches.*

Les manches des chemises d'hiver se

font avec deux aiguilles. On les commence par en bas, et elles se font ordinairement toutes droites, excepté qu'on élargit un peu avant de faire l'entournure pour former un gousset; ensuite terminer quelques mailles pour le dessous de bras, et diminuer en rond jusqu'à ce qu'il ne reste plus que trois pouces sur l'aiguille qu'on termine tout droit.

SECT. 4. *Des Robes d'enfant.* (*Planches* 12 *et* 13.)

Les robes d'enfant, dont l'usage doit être recommandé pour les enfans, se font de la même manière que les chemises de femme; on peut cependant les tricoter en rond; mais pour éviter l'embarras de cinq grandes aiguilles, il est plus convenable de le faire avec deux ; on y peut faire des pointes, ainsi qu'il est représenté. (*Planche* 12 et 13.) Dans ce cas, voici la proportion à donner aux pointes par rapport aux autres lés : je suppose que le lé de devant ait deux cent soixante-quinze mailles, il faut (l'ouverture se trouvant derrière) mettre de chaque côté du derrière cent soixante-onze mailles, et à chaque pointe cent vingt-sept. Lorsque la bordure est finie, on commence à diminuer deux mailles à chaque pointe (une de chaque côté), et former un point de couture près de ces diminutions. On diminue toutes les six rangées. Lorsqu'on est à la taille, on fait une petite ceinture avec un jour à baguette pour y passer un ruban, on fait quelques rangées pour la longueur de la taille, on arrête quelques mailles de chaque côté pour le dessous de bras : sans cela il faudrait faire un gousset. Après avoir distribué son ouvrage en trois, dont la moitié au moins sera pour le devant, on mènera avec trois pelotes son ouvrage (ainsi qu'il a été dit pour les camisoles) jusqu'à la moitié de l'entournure, on arrêtera le devant à la largeur qu'on voudra donner à l'échancrure de la poitrine, ce qui nécessite de prendre une quatrième pelote ; le reste peut se tricoter tout droit, jusqu'à la hauteur du derrière qui s'échancre ordinairement un peu en rond. Les épaulettes se terminent de la même manière qu'aux camisoles. Les brassières se font comme de petites camisoles. (*Planches* 14 et 15.)

Sect. 5. *Des Bonnets d'enfant.* (*Planches* 16, 17 *et* 18.)

Les bonnets d'enfant sont sans doute un des produits les plus ingénieux du tricot. La *Planche* 16 offre un petit bonnet, qu'on peut exécuter de cette manière : l'on prend trois aiguilles sur chacune desquelles il doit y avoir trente mailles, lorsque le fil est un peu fin. Après avoir ajouté une maille au commencement de la première aiguille et une à la fin de la dernière, on tricote une rangée, et ceci se répète dix fois de chaque côté. Dès que le bonnet est parvenu à la largeur de trois doigts, l'on ajoute deux mailles à la fin de la première aiguille, autant au commencement et à la fin de la seconde, et au commencement de la troisième ; ayant tricoté six à huit tours, il faut ajouter de nouveau des mailles aux mêmes places des trois aiguilles, et continuer de la sorte jusqu'à ce que les deux petites parties de côté de l'ouvrage aient atteint la longueur et la largeur de celles du patron qu'on a pris pour modèle. Cela fini, la dernière maille de la première aiguille et la premiere de la seconde, sont prises ensemble; il en est de même de la dernière de la seconde aiguille et de la première de la troisième; après, on tricote trois ou quatre rangées, et le reste se fait comme un talon; il faut retrancher de chaque partie de côté, une maille, afin que celle du milieu conserve sa largeur. Tout cela étant fini, les mailles se reprennent tout au tour, et l'on tricote un bord. Ce bord doit avoir des trous pour recevoir un ruban. Après avoir tricoté tout autour de cette manière, on fait de nouvelles mailles, afin que le bonnet ne perde rien de son ampleur, et que les trous soient bien ronds. Comme le bord du bonnet est la dernière chose qu'on tricote, rien n'empêche de se servir d'un fil de toute autre couleur, comme d'une bordure. Le bonnet représenté sur la planche 17 se commence par l'étoile qui se trouve en haut; il se fait, comme un gousset, par le moyen des élargissures. Après avoir pris du fil double, on entrelace quatre mailles sur deux aiguilles, précisément comme au commencement d'un bas. Une des deux aiguilles étant retirée, les quatre mailles doubles qu'elle portait sont réparties sur quatre aiguilles simples; cela fait, on tricote un tour, ensuite le fil est passé sur l'aiguille, et la première maille se finit ; le fil ayant été passé de nouveau sur l'aiguille, on achève la deuxième maille. L'on répète ceci avec les trois autres aiguilles. Au tour suivant, les tours passés sur l'aiguille sont employés et changés en mailles. Pour rendre l'étoile plus belle, il faut faire un jour à chaque tour, lequel peut être fait en forme de crochet. Ces jours se font de la manière suivante : on fait trois mailles à l'envers : à la rangée suivante, on tricote la première maille à l'envers, le fil est jeté, et on tricote les deux autres mailles ensemble. L'étoile est élargie et continuée de cette manière jusqu'à ce qu'on la trouve assez grande; lorsque le bonnet est petit et tricoté avec du fil fin, elle doit être d'une grandeur suffisante, lorsqu'il se trouve vingt mailles sur chaque aiguille. Les diminutions se font de cette manière : après avoir passé le fil sur l'aiguille, comme au commencement, on finit la première maille ; le fil ayant été passé de nouveau sur l'aiguille, les deux mailles suivantes sont tirées l'une sur l'autre. Cette opération se répète sur toutes les aiguilles, et se continue jusqu'à ce que les pointes de l'étoile se ferment. Après cela, l'on fait quelques tours, et l'on commence la bordure. Chaque dame peut choisir un modèle à sa fantaisie pour cet objet. Lorsque la bordure a à peu près un doigt de largeur, une aiguille reste en arrière, et l'ouvrage se continue avec trois aiguilles seulement comme un talon. Quand il y a une certaine quantité d'ouvrage de fait, les mailles se reprennent de chaque côté, et le petit bord est tricoté avec les quatre aiguilles tout autour du bonnet. Enfin, on ferme l'ouvrage avec un point de chaînette, et le bonnet est fini.

SECT. 6. *Des Mitaines.* (*Planches* 19 *et* 20.)

Les mitaines se commencent ordinairement en rond par un bord qui peut se faire de cette manière : on tricote environ dix rangées unies, ensuite une rangée de jours à baguette, et autant de rangées unies qu'on a déjà fait; après cela, on prend le commencement de l'ouvrage conjointement avec les mailles qu'on tricote, et l'ouvrage se continue et laisse au commencement un bord double et dentelé. L'on fait environ quatre pouces sans diminuer, après quoi on diminue toutes les quatre rangées jusqu'au poignet, qu'on peut marquer d'un dessin quelconque; après quoi, on tricotera un pouce avant de commencer celui de la mitaine qui se fait ainsi : on compte ses mailles, et on en laisse, depuis le point de couture, environ huit ou dix de plus pour le dessus de la main, là on commence un point de couture qui doit régner tout autour du pouce. Au premier tour, on fait une maille à l'envers, on en ajoute une, et on en fait une autre à l'envers; au second tour, on fait de même une maille à l'envers, suivie de deux élargissures et d'une maille à l'envers; l'on continue de la sorte jusqu'à ce qu'il y ait dix mailles ajoutées, et que l'on soit parvenu entre les petits bords faits à l'envers. Alors le pouce se fait en rond, les mailles du bord du gant sont relevées, et enfin celui-ci se termine entièrement par un point de chaînette.

Pour faire des gants à cinq doigts, on n'éprouve pas plus de difficultés. Lorsque le pouce est fini, on met le gant, et l'on passe une aiguille entre chaque doigt; au moyen de cette opération, leur place se trouve marquée. Des élargissures faites entre chaque doigt donnent de petits goussets de dix mailles, lesquels sont diminués petit à petit, et enfin chacun se tricote séparément.

ARTICLE XVI.

Des Cruches anglaises.

Le hasard auquel nous devons plusieurs arts, a montré celui-ci à un criminel anglais. Ce malheureux étant dans un cachot de Newgate, n'avait pour grabat qu'une de ces couvertures de poils qui servent à transporter le coton. Quelques fils qui s'en détachèrent, et une cruche, lui servirent à inventer et à exécuter ce travail, dont la mode est devenue ensuite une fureur parmi les dames anglaises. Les cruches des dames ne diffèrent de celle de l'inventeur, que par une forme plus convenable au pied.

Une cruche sans anse, haute de trente-six pouces, ayant un diamètre de huit à neuf pouces, sert de bas aux dames et aux messieurs. Semblable à une bouteille de selter, elle va en s'élargissant depuis le fond jusqu'au milieu, et en se rétrécissant depuis ce point jusqu'à l'ouverture. La cruche est placée renversée sur un pied, et un cordon est noué autour du fond qui se trouve en l'air; afin que ce cordon ne tombe pas, il est attaché au-dessus du fond avec un ou deux fils en croix. Pour un bas d'homme, il faut soixante petits pelotons de fil, dont les extrémités sont passées dans le cordon qui entoure le fond de la cruche. Outre ces soixante petits pelotons, il s'en trouve encore un (n'importe sa place) qui est beaucoup plus gros, et que l'on nomme *lieur*. Ce peloton, déjà bien distingué par sa grosseur, et qui peut l'être encore par une marque de carte, tourne tout autour de la cruche à main droite, tandis que les autres vont en sens opposé .Le premier fil à droite est noué par un nœud simple avec le lieur, et passe à gauche; cette opération étant répétée avec tous les fils, ils doivent petit à petit, passer tous à gauche. Après avoir fait un bord large de trois pouces, on fait des rétrécissures, et l'on retourne la cruche, dont le cou doit être enveloppé de ce tricot renversé. L'ouvrage se continue jusqu'au bas du vase; étant plus épais dans le milieu que dans ses autres parties, il forme seul le mollet du bas. Si en cet endroit, la tension du lieur était trop considérable, on ajouterait un autre petit peloton, ce qui produirait une ligne spirale. Parvenu sous le ventre de la cruche, il faut couper un ou plusieurs petits pelotons, et les ôter après en avoir fortement noué le fil.

L'ouvrage étant fait jusqu'au talon, il est nécessaire de se servir d'une forme sur laquelle le pied doit être attaché. En approchant de la pointe on retranche à chaque tour un peloton sur deux. Ce travail a une apparence charmante, et est si élastique, que les bas semblent collés sur les jambes. Si les mailles doivent être plus longues, il faudrait faire un faux nœud entre les fils ajoutés au cordon; cela rendrait l'ouvrage plus lâche et plus ample.

ARTICLE XVII.

Des Portefeuilles. (*Planches* 21 *et* 22.)

LES portefeuilles représentés sur la planche, se commencent par la partie d'en bas *B*. Après avoir fait une rangée à l'envers, il faut faire la bordure à l'endroit avec du fil de couleur, et ensuite le fond noir et le vase. Les bordures de côté ne se font que quand la moitié du portefeuille est finie. La seconde partie *A* se fait ensuite de même jusqu'à l'oreille à laquelle, suivant le modèle, il faut faire des diminutions. Quand l'oreille est finie; on peut encore, au moyen de l'enchaînure, y tricoter un cordon étroit tout autour.

Ces deux parties sont destinées pour les côtés extérieurs du portefeuille. Quand elles sont finies, on en tricote une nouvelle qui est attachée au commencement et près de la bordure. On peut, à volonté, l'orner d'une autre petite bordure et dans le milieu d'une petite fleur. Cette partie intérieure doit être aussi large que l'extérieur, et fixée par l'entrelacement d'un fil. Cela fait, on commence l'autre doublure de la partie *A* auprès de la bordure, et à l'aide de l'enchaînure; elle doit se trouver aussi large que l'extérieur, ornée d'une corne d'abondance. Lorsque cela est fini, il est nécessaire de faire les pointes; celles-ci se commencent en bas à la bordure de la partie *B*, ornée d'un vase à laquelle on attache deux mailles, ainsi qu'à la doublure qui est aussi grande. On tricote en allant d'une partie à l'autre, et en faisant des élargissures à chaque rangée, de manière que les pointes deviennent toujours plus larges, les mailles sont fixées par un fil qu'on y passe. C'est de cette manière que se font les autres pointes du portefeuille. L'oreille doit être double, afin qu'on puisse y faire entrer, comme dans le portefeuille, un morceau de bougran ou de carton fin. Si l'on veut enfin, lorsque le portefeuille est fini, en garnir la bordure avec du fil d'or ou du fil très fort, il aura une très-belle apparence. Dans l'intérieur du portefeuille, on fait aussi de petits étuis pour les aiguilles, les cure-dents, etc.

ARTICLE XVIII.

Du Tricot des figures. (*Planche* 23.)

POUR exécuter des figures au tricot, il faut faire la plus grande attention au nombre des mailles, à l'emploi des couleurs et à l'usage alternatif des différentes sortes de mailles, pour disposer les nœuds coulans d'une figure ou d'un tableau. Les bordures ne sont pas à beaucoup près si difficiles à tricoter que les fleurs, les arabesques, les paysages, etc.

S'agit-il de tricoter un paysage sur un écran ou sur quelqu'autre objet? Il faut d'abord déterminer dans sa pensée la grandeur de l'écran ou de l'objet. Après avoir fait une rangée de six pouces dont les mailles sont médiocrement tendues, on les compte. S'il s'en trouve vingt-deux, vingt-quatre, vingt-six ou trente, dans cette largeur, il est nécessaire d'en mettre soixante, soixante-dix, quatre-vingt, dans la longueur, c'est-à-dire qu'on doit tricoter autant de rangées, pour avoir six pouces carrés. Si l'on compte vingt-deux mailles pour six pouces, il en faut naturellement quatre-vingt-huit pour vingt-quatre pouces, cent cinquante-quatre pour quarante-deux, et quatre cent vingt rangées pour une hauteur de cent quatorze pouces. Comme le paysage de la planche ne serait pas assez grand pour un pareil morceau, il faudrait, s'il devait servir de modèle, se le représenter une fois plus grand, et en doubler le nombre des mailles dans sa pensée. L'on tricote d'abord par le bas, un fond simple, large de quarante-deux pouces sur neuf de hauteur : il sera d'une couleur foncée, telle que café, vert bouteille ou noir. Ensuite, on commence la pointe des arabesques, dans le milieu, avec la soixante-seizième maille; ainsi, il faut faire quatre mailles couleur de paille, et après, le fil de cette couleur reste suspendu; au retour, il est nécessaire de faire encore quatre mailles de la même couleur, et cela s'observe quatre rangées de suite. Ceci fait, l'on commence à la soixante-quatorzième maille, et l'on tricote la soixante-quinzième de couleur, mais les soixante-seize, soixante-dix-sept, soixante dix-huit et soixante-dix-neuf doivent être de même couleur que le fond, ou violettes. Cela se répète quatre rangées de suite. Après on commence à la soixante-douzième; l'on tricote la soixante-treizième de couleur ; les soixante-quatorze et soixante-quinze se passent ; on tricote les soixante-seize, soixante-dix-sept, soixante-dix-huit, soixante dix-neuf, et l'ouvrage est continué ainsi jusqu'à la fin de tout le paysage.

Pour les figures, les couleurs sont souvent interrompues ; chose absolument nécessaire, lorsqu'un ouvrage doit être fait promptement et avec de la soie un peu forte. L'on rassemble les fils de différentes couleurs, et on n'en forme qu'une maille. Lorsqu'une couleur doit se perdre dans une maille, ou en commencer une frappante, il faut prendre, par exemple, un fil rose et un noir, et en former une maille. Il est nécessaire de les tenir avec précaution sur le doigt, à mesure que l'un d'eux doit passer à droite ou à gauche dans la maille. De cette manière, les fleurs peuvent être ombrées très-agréablement.

Les parties ondoyées doivent être tricotées à l'envers, parce qu'alors la maille, au lieu de former deux lignes, ne paraît que comme un trait en travers. Veut on tricoter une partie qui représente de l'eau? Il faut prendre un fil double, dont l'un soit couleur de perle et l'autre bleu mourant, et l'on tricote la maille à l'envers. De cette façon, deux couleurs peuvent se réunir dans une maille avec une infinité de nuances, ce qui a un effet charmant dans les morceaux ronds.

ARTICLE XIX.

Du Tricot au cadre. (*Planche 24.*)

Ce genre de tricot est principalement en usage en Suisse, où on le nomme *tricot de toucher*, parce que les fils sont saisis par les doigts les uns sous les autres. Il a le suprême avantage de donner pour une seule opération, deux objets semblables. Pour cette espèce d'ouvrage il faut une machine semblable à un long cadre, posé droit et comme celui de la planche 24.

Dans les montans qui doivent être hauts de soixante-douze pouces, il se trouve des trous *A*, par lesquels on fait passer de la ficelle qu'on place à distance, suivant la longueur qu'on veut donner à l'objet. Il faut cinq, six, jusqu'à huit petites baguettes d'un bois léger, et semblables à celle représentée en 6. La ficelle ayant été tendue en travers dans le cadre, par le haut et par le bas, l'on prend du fil un peu fort, de la soie torse, ou telle autre matière qu'on voudra employer; on en attache le bout en haut au n° 1, à la ficelle, en faisant un long nœud coulant, parce que le fil doit y glisser çà et là. Ceci fait, le fil est conduit en bas, et passé autour de la ficelle qui s'y trouve; ensuite on le remonte au n° 2, et ainsi de suite jusqu'au n° 12, de manière qu'il y ait en tout vingt-quatre fils, ou douze devant et douze derrière. Il ne faut pas que les fils soient beaucoup tendus, parce que le travail les tend; mais il faut que les ficelles soient attachées de manière à les lâcher au besoin; l'ouvrière se place ensuite devant le cadre, passe les deux pouces entre les fils des côtés au milieu de l'ouvrage, de sorte que les autres doigts se trouvent derrière les fils; elle prend avec l'index le fil de derrière au n° 1, et avec le pouce celui de devant; elle les croise de manière que celui de devant va derrière sur l'index, et que celui de derrière vient devant sur le pouce; elle en fait autant avec tous les autres fils les uns après les autres, et de chaque main, de la même façon. Lorsque les deux mains se rencontrent au milieu, la droite remet à la gauche ses fils échangés, pour glisser entre, de droite à gauche, une petite baguette qui empêche les fils de revenir. Cette baguette est aussitôt monté vers le haut *A* du cadre, et une autre est passée près de celle-ci et descendue vers le pied *B*. Ensuite on prend le fil de devant n° 1, et celui de derrière n° 2, et les échange ; on répète cette opération avec le fil de devant n° 2, et celui de derrière n° 1, ce qui forme un nœud en croix. Les autres fils de derrière 3 et 4, 5 et 6, 7 et 8, 9 et 10, 11 et 12, sont échangés de la même manière, et on glisse entre deux nouvelles baguettes, l'une en haut et l'autre en bas, lesquelles ne sont pas serrées près des autres. Cela fait, il faut échanger le fil de devant n° 2, avec celui de derrière n° 3, ensuite 4 avec 5, 6 avec 7, 8 avec 9, et 10 avec 11. Deux troisièmes baguettes sont introduites entre les fils, et les deuxièmes sont serrées tout près des premières; après, le fil de devant n° 1 est échangé de nouveau avec celui de derrière n° 2, et ainsi de suite comme au paravant. Deux nouvelles baguettes sont passées entre les fils. Le n° 2 est encore échangé avec le n° 3, et ainsi de suite jusqu'à la fin. Lorsqu'il y a trois baguettes, on est libre d'ôter la première, quand l'ouvrage est fini, la ficelle doit être tendue autant que possible. Alors il est indispensable de nouer au-dessous les fils entrelacés, tant pour le haut que pour le bas, parcequ'autrement l'ouvrage que l'on coupe par le milieu se déferait.

FIN.

TABLE

DES

ARTICLES CONTENUS DANS CE TRAITÉ.

DETAIL

DES GRAVURES.

Pl. 1re. Manière de tenir le moule et la navette; modèle d'un moule et d'une navette; filet ordinaire; résultat du travail.

2. Exemple de filet rond; — à baguettes, fond de Berlin; *idem* à mailles égales;

3. . . . . à carreaux; — à franges.

4. . . . . en raconi; — bourses en filet, collerettes.

5. Exemple de bordures pour collerettes; filet pour cheveux.

6. Exemple de coins pour bas.

7. . . . . tricot à mailles retournées; élastique à côtes.

8. . . . . A grains d'orge, points à jours; *idem* en long ou à baguettes; à dents.

10. . . . . points à jour à mailles croisées, tricot de Berlin;

11. Exemple de tricot rayé, et divers desseins, façon tulle.

12, 13. Robe d'enfant.

14, 15. Brassière.

16, 17, 18. Bonnets d'enfant.

19, 20. Mitaines.

21, 22. Portefeuille.

23. Figures, paysages.

24. Tricot au cadre.

25. Bouquets.

26. Trophées, vases.

27. Sacs à ouvrage.

28, 29, 30, 31, 32. Dessins de bordures divers.

NOTICE

D'objets nouveaux pour cadeaux et étrennes; Librairie, Estampes, Recueils et Sujets de dévotion,

Qui se trouvent chez AUGUSTIN LEGRAND, Graveur et Éditeur, rue Hautefeuille, n° 18, à Paris. 1817.

AVIS DE L'ÉDITEUR.

ME rendre utile et agréable à la jeunesse et à ceux qui la dirigent, est le but constant que je me propose dans l'exécution des divers genres d'ouvrages que j'offre au public, notamment au renouvellement de chaque année.

L'éducation de la jeunesse présente un champ vaste où je veux semer quelques fleurs, lorsque des génies sublimes y font germer des instructions solides et fructueuses. Je suivrai respectueusement Fénélon, Bossuet, l'Homond, le sensible Berquin, et beaucoup d'autres modernes non moins recommandables. Je copierai leurs discours; je mettrai en action leurs pensées, et ainsi le cœur et les yeux jouiront également de leurs bienfaits.

Les objets de dévotion seront traités avec un soin particulier avec l'aide de personnes respectables et savantes. Tout ce que les anciens fonds de *Pasquier* et de *Jagot* possédaient de relatif à la religion, se reproduira chez moi, mais exécuté avec plus de goût et de perfection. Ce ne sera point une collection insignifiante de gravures et d'images comme on en trouve par-tout, mais des pièces étudiées et choisie pour expliquer clairement et perpétuer les principes religieux et moraux; en conséquence, je recevrai avec reconnaissance les pièces et les conseils que messieurs les ecclésiastiques voudront bien m'adresser, et qui pourront entrer dans mon cadre.

Déjà une collection richement exécutée de tableaux de saints et saintes, a été goûtée du public; je ne négligerai rien pour rendre cette collection et plus considérable et plus intéressante. Je vais mettre au jour incessamment : 1° De petits ouvrages peu volumineux, d'un genre tout-à-fait neuf et bien choisis, qui pourront servir de récompense pour la jeunesse docile et laborieuse; 2° une suite considérable de prières avec une gravure à chacune; 3° une Vie des saints pour chaque jour de l'année avec une gravure également à chacune, accompagnée de prières, réflexions et pratiques; ce volume, de format in-4°, sera d'un prix fort modéré. Enfin, je ferai en sorte que cette partie ne laisse rien à désirer.

Pour les objets profanes, et devant se donner comme étrennes, je serai guidé également par les motifs d'utilité et d'agrément, même quand ils seront composés pour des personnes d'un âge plus raisonnable. Le public a pu me juger par ma *Maîtresse de broderie*, qui est à sa quatrième édition; le *Traité du Tricot* présente le même résultat, ainsi que d'autres ouvrages détaillés dans cette notice.

Si le public accueille avec indulgence les ouvrages que je lui annonce, comme ceux qui sont déjà dans ses mains, je serai bien récompensé de mes peines, et je ne chercherai qu'à mériter de plus en plus ses suffrages.

OBJETS DE DÉVOTION.

	fr.	c.
Petits sujets, Saints et Saintes, que l'on peut renfermer dans des livres de piété, imprimés sur papier vélin, coloriés comme des miniatures, et rehaussés d'or, prix. . .		75
Les mêmes, en noir, quatre sur la feuille.	1	
Autres sujets de dévotion plus simples, quatre sur une feuille, en noir.		60
Chacun des mêmes sujets coloriés avec soin sur papier vélin.		40
Gravures représentant la Vierge, etc., en noir.		75
en couleur.	1	50

Sous presse :

Prières avec gravures à chacune, petits volumes in-18. . . . . . .

OBJETS D'ART ET LIBRAIRIE.

La Maîtresse de broderie, petit traité de la broderie en général, cartonné, doré, accompagné de vingt-six gravures coloriées, servant d'exemples utiles et agréables à copier; le tout contenu dans un portefeuille très-élégant, ouvrage absolument neuf en France, quatrième édition avec nouvelles figures. 8

Idem, papier vélin, plus richement reliée. 10

Traité du tricot simple ou compliqué; manière d'exécuter méthodiquement par ce travail de jolis ouvrages, tels que des habillemens, des brassières, des bonnets d'enfant, des gants, des sacs, des brodures, et autres objets d'utilité et de fantaisie: texte explicatif, enrichi de dessins variés pour exemple. . . 8

Idem, sur papier vélin avec gravures coloriées. 10

Collection de dessins coloriés sur fond canevas, tant pour la tapisserie que pour tricoter en grains, et représentant des guirlandes, vases, paysages, assortiment de bourses, et sacs pour exécuter en perles la feuille. 1

Idem, plus petites. 75

Le Petit maître de dessin, recueil

d'étude au crayon; manière de les copier sans maître, le tout doré et renfermé dans un joli portefeuille avec crayon et pointe. 4

Idem, colorié. 8

Le parterre, ou recueil de fleurs et papillons, amusemens des jeunes demoiselles, en noir. 4

Idem, en couleur. 8

Le Porte-feuille de l'adolescence, recueil de jolis sujets variés et instructifs, jolies pièces d'écriture françaises et anglaises; vingt-sept gravures au bistre, ou coloriées, contenues dans une enveloppe d'un genre nouveau, en noir. 3

Idem, en couleur. 4

Le Petit paysagiste, recueil de dessins choisis pour faciliter aux jeunes gens les premières études du paysage, leur en inspirer le goût et leur procurer un amusement utile et agréable; précédé d'un discours instructif sur les différentes parties de cette étude, et de l'indication d'une méthode particulière pour dessiner d'après nature facilement et avec précision.

GRAVURES DIVERSES.

N°1 Façon du Filet.

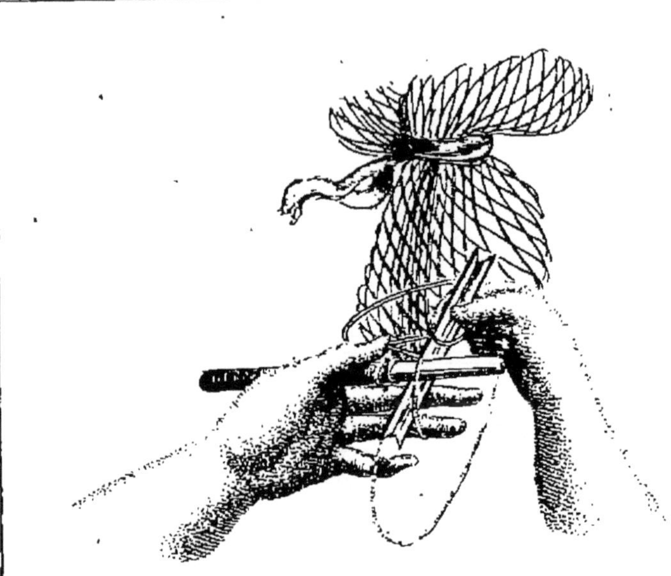

Tricot Mailles.

Renversés par bande. *Retournées* *Droite*

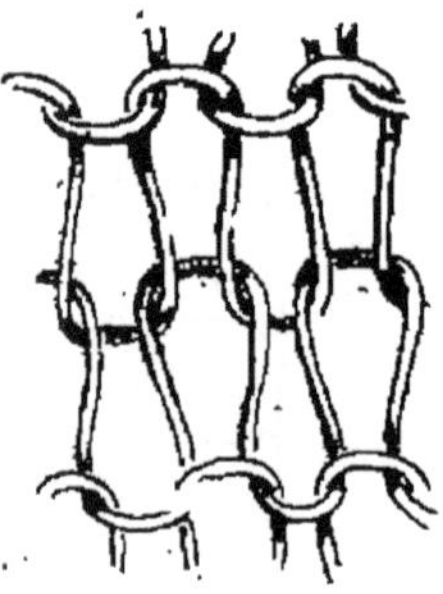

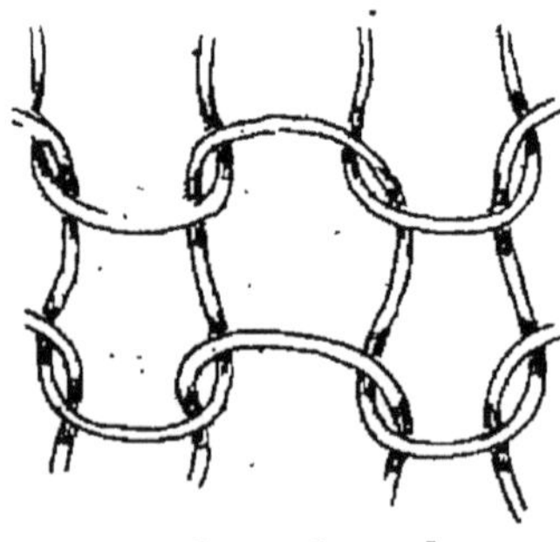

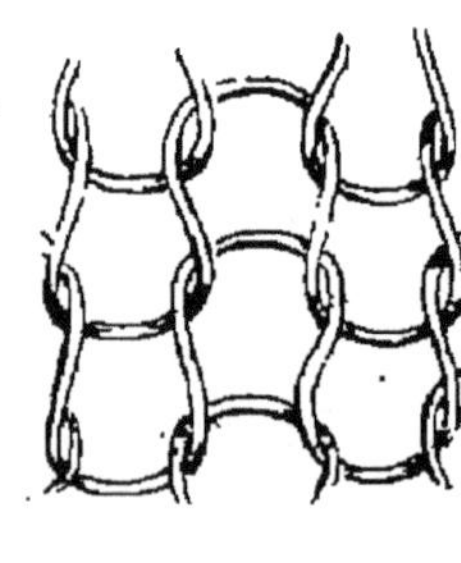

Résultat du Filet.

N°. 2.

Filet fond de Berlin à maille égale.

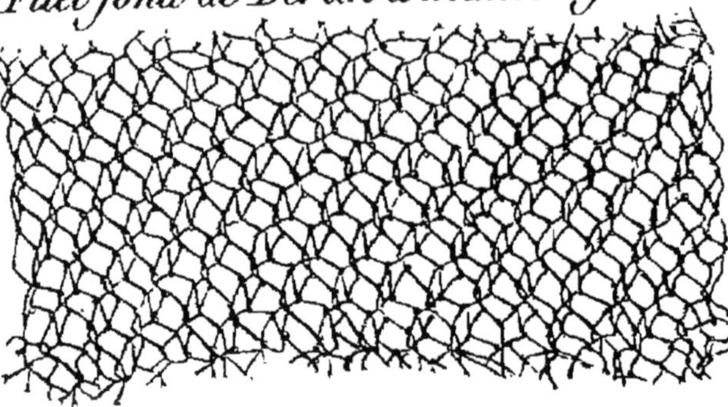

Filet à Baguettes.

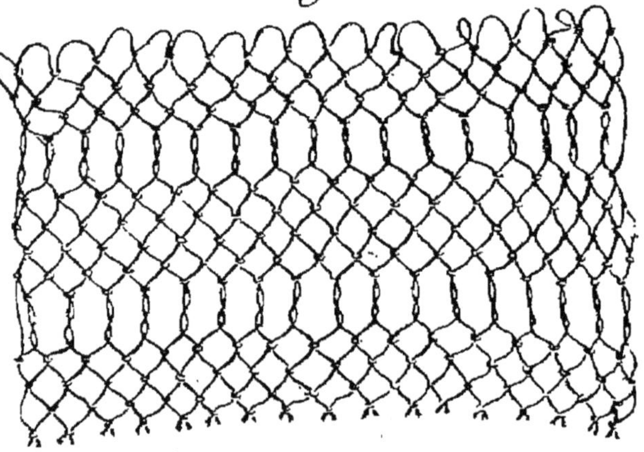

Filet Rond.

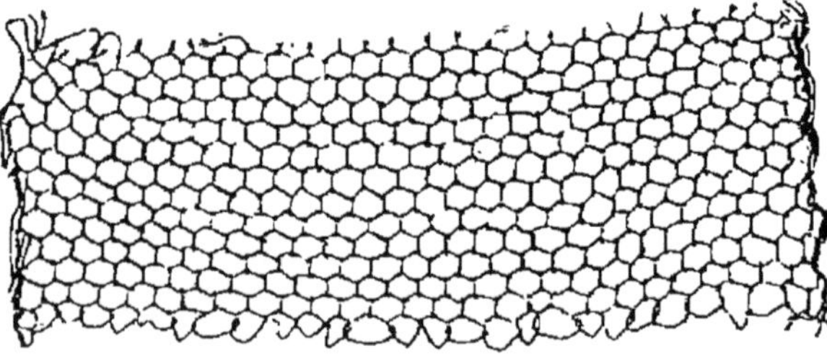

N° 3.

Filet fond de Berlin.

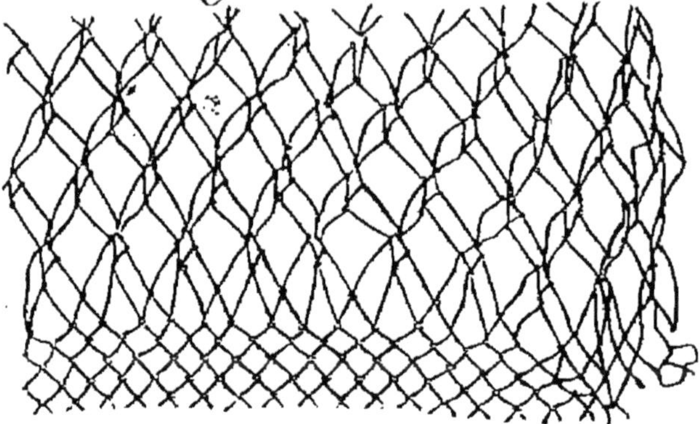

Filet à Carreaux.

Filet à Franges.

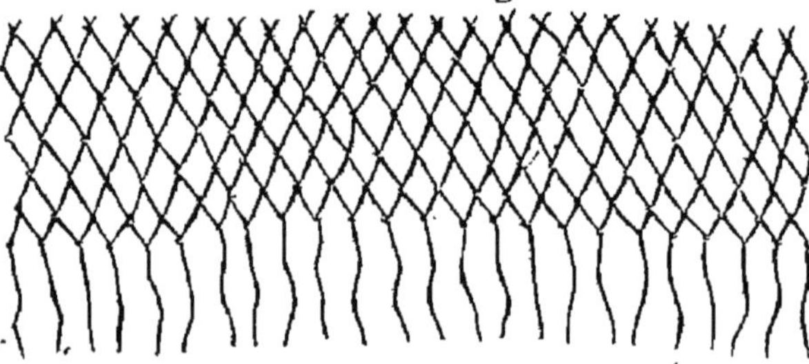

4. Filet.

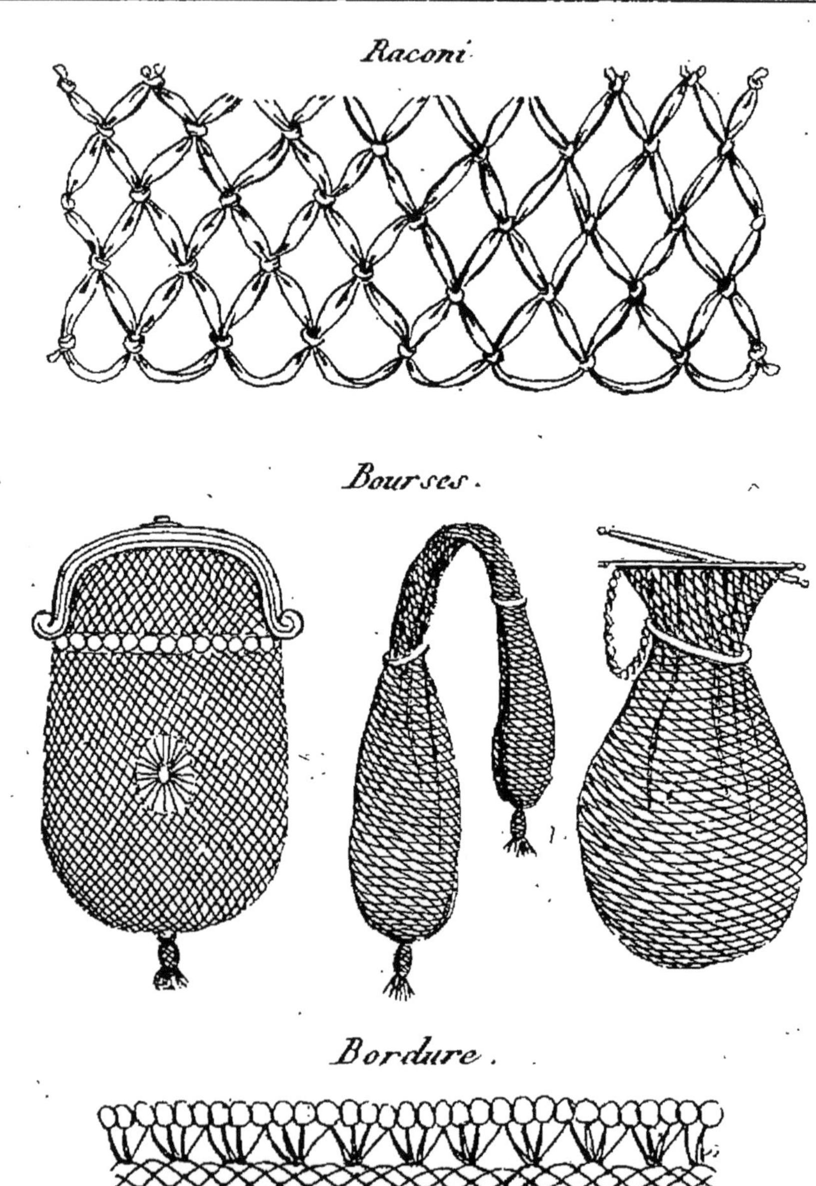

5. Filet.

Raizeau.

Bordures.

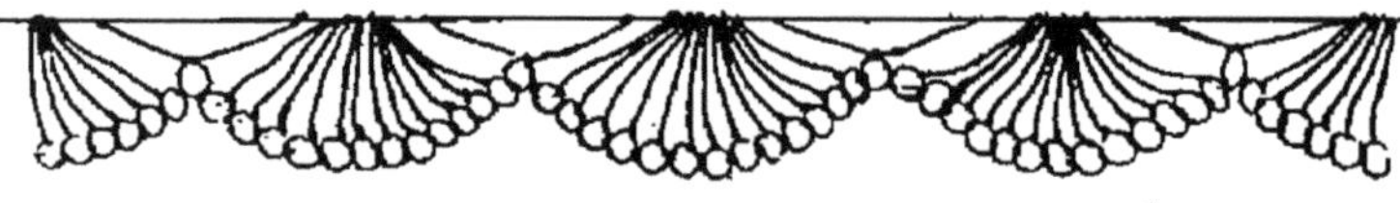

Colerettes.

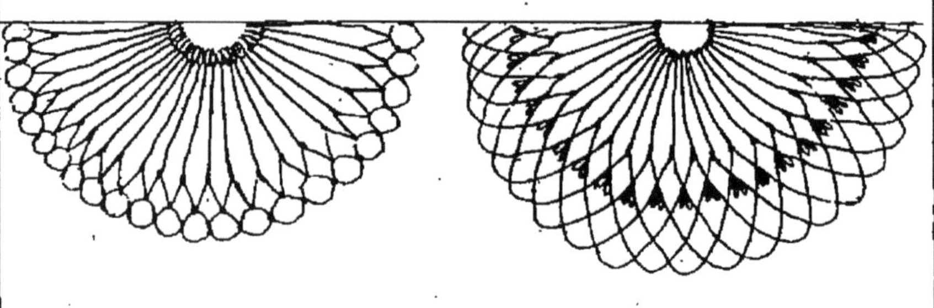

6. Coins de Bas.

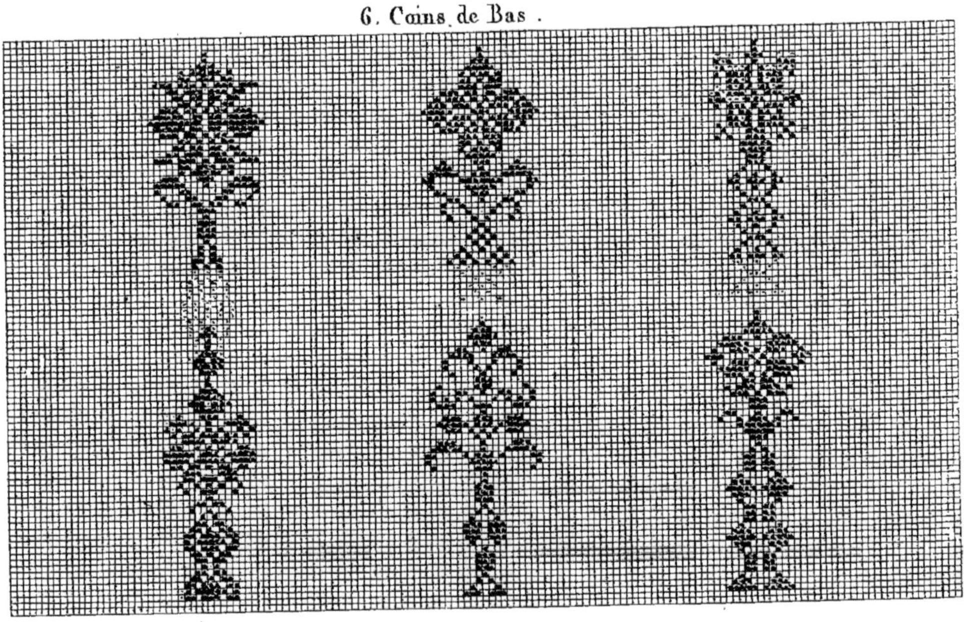

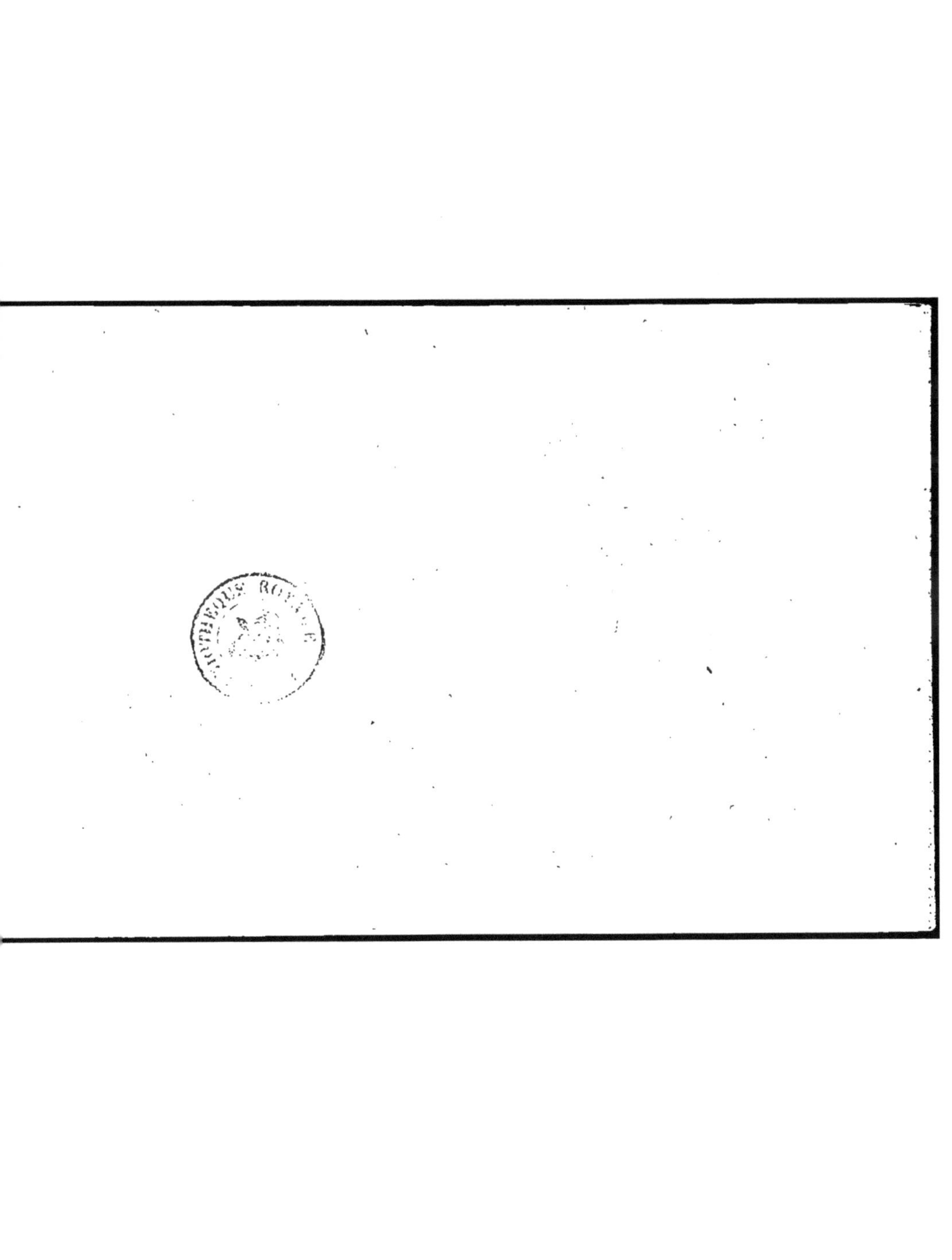

7. Tricot.

Tricot de Berlin.

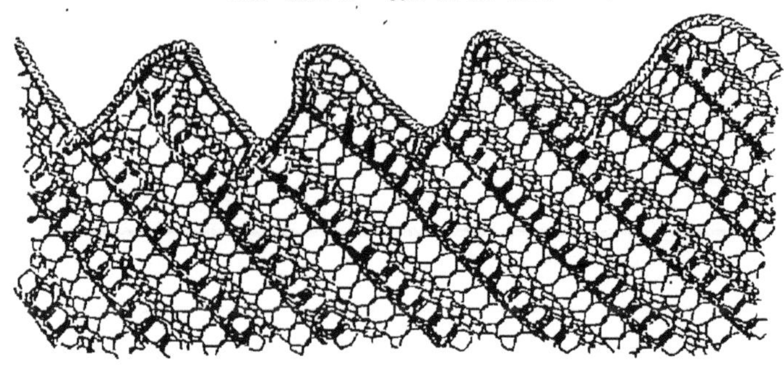

A Maille retournée.

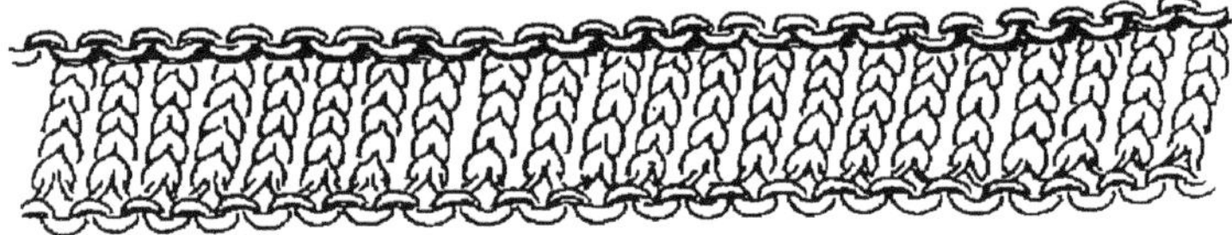

Elastique à côte.

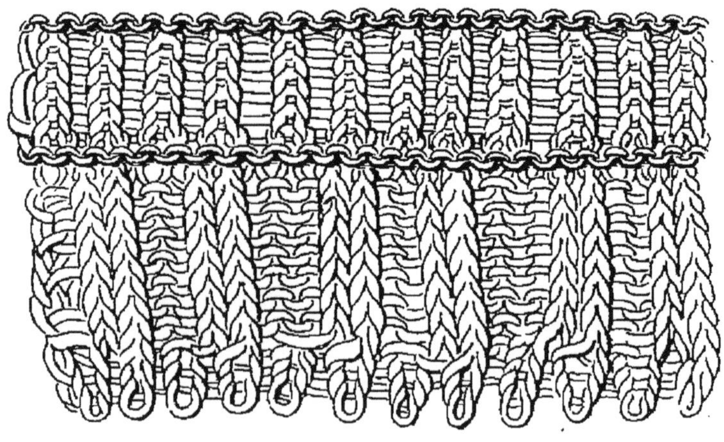

8. Tricot.

Point à jour à Grille.

A jour contrarié.

A jour ordinaire.

Rayure grains d'Orge.

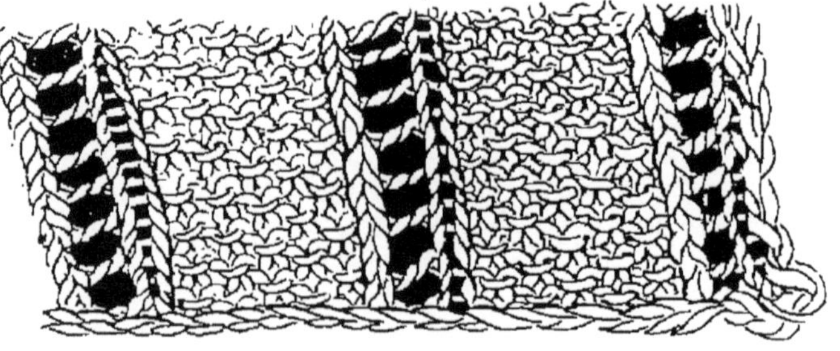

A Dents.

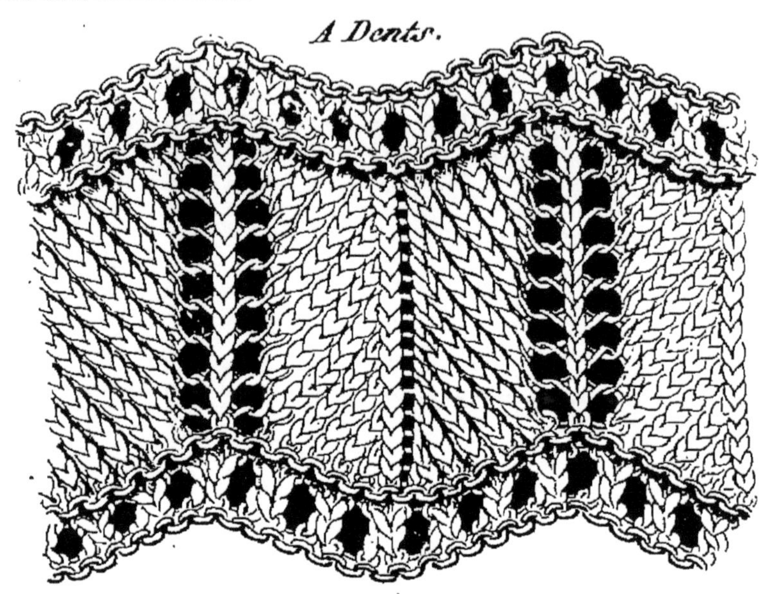

Jours à Baguette.

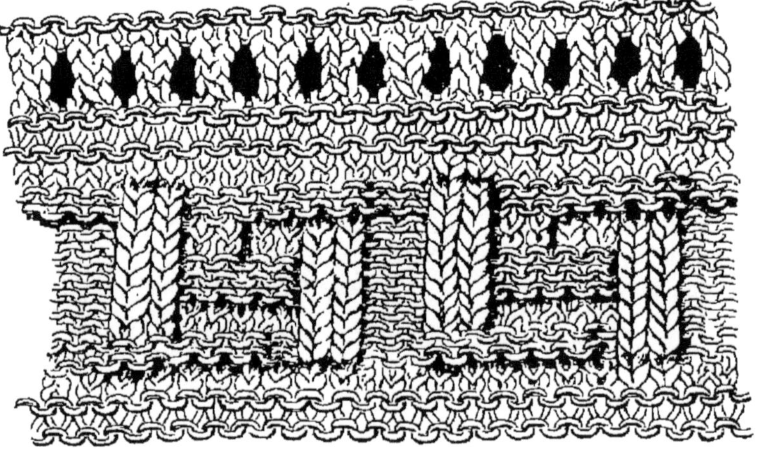

Grèque fantaisie.

Fond de Berlin.

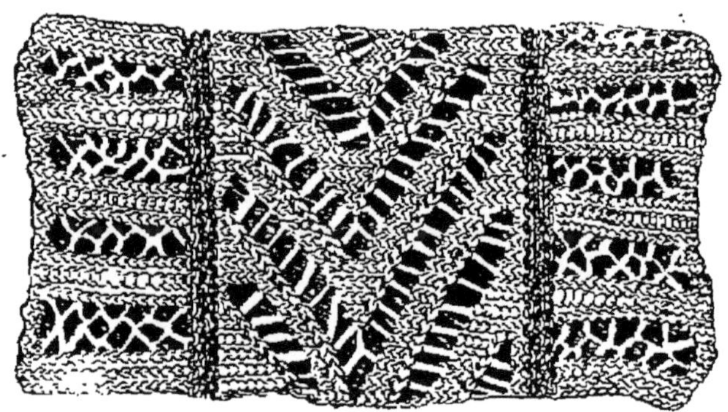

Points à jour, Mailles croisées.

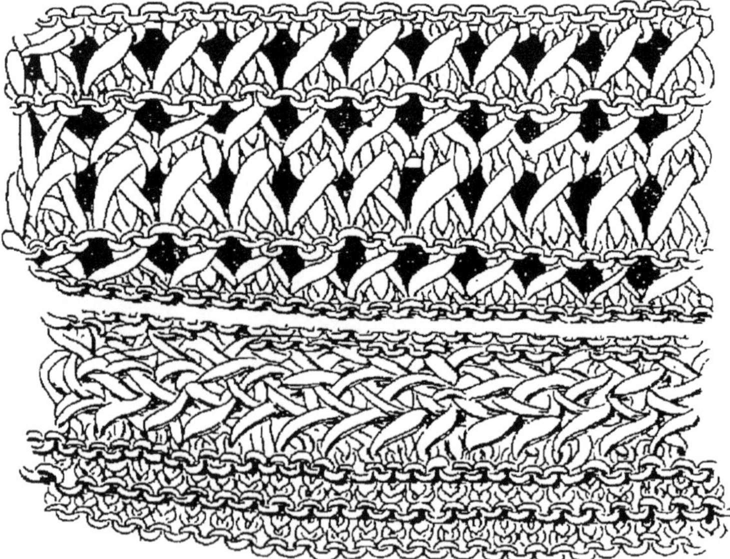

Mailles croisées.

11. Tricot.

Bazin rayé

Façon de Tulle

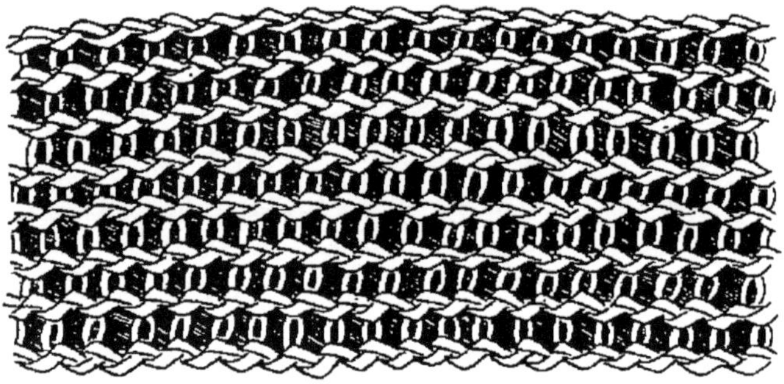

Bazin à côte.

Robe, N.° 12 et 13.

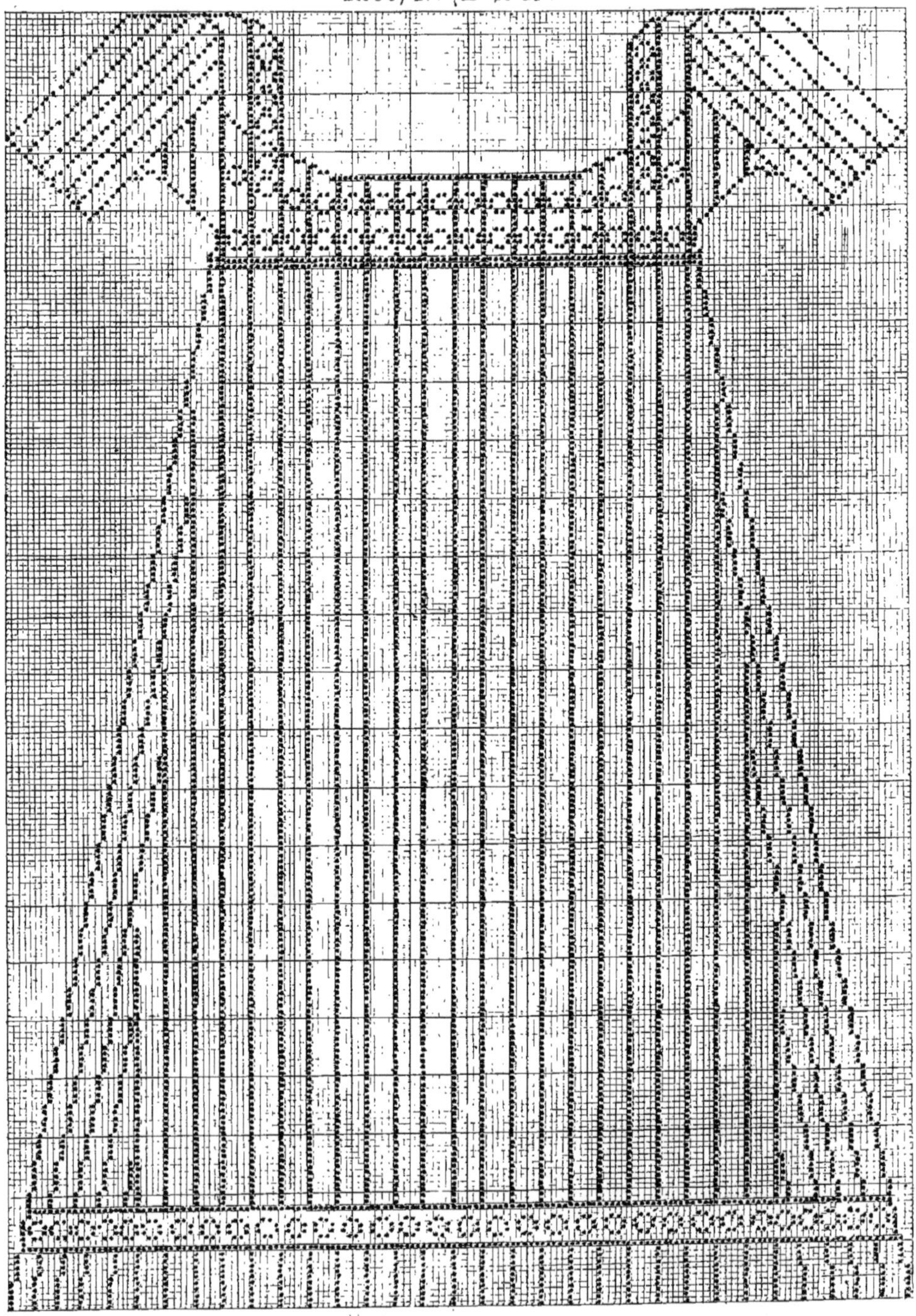

14. Moitié de Brassière.

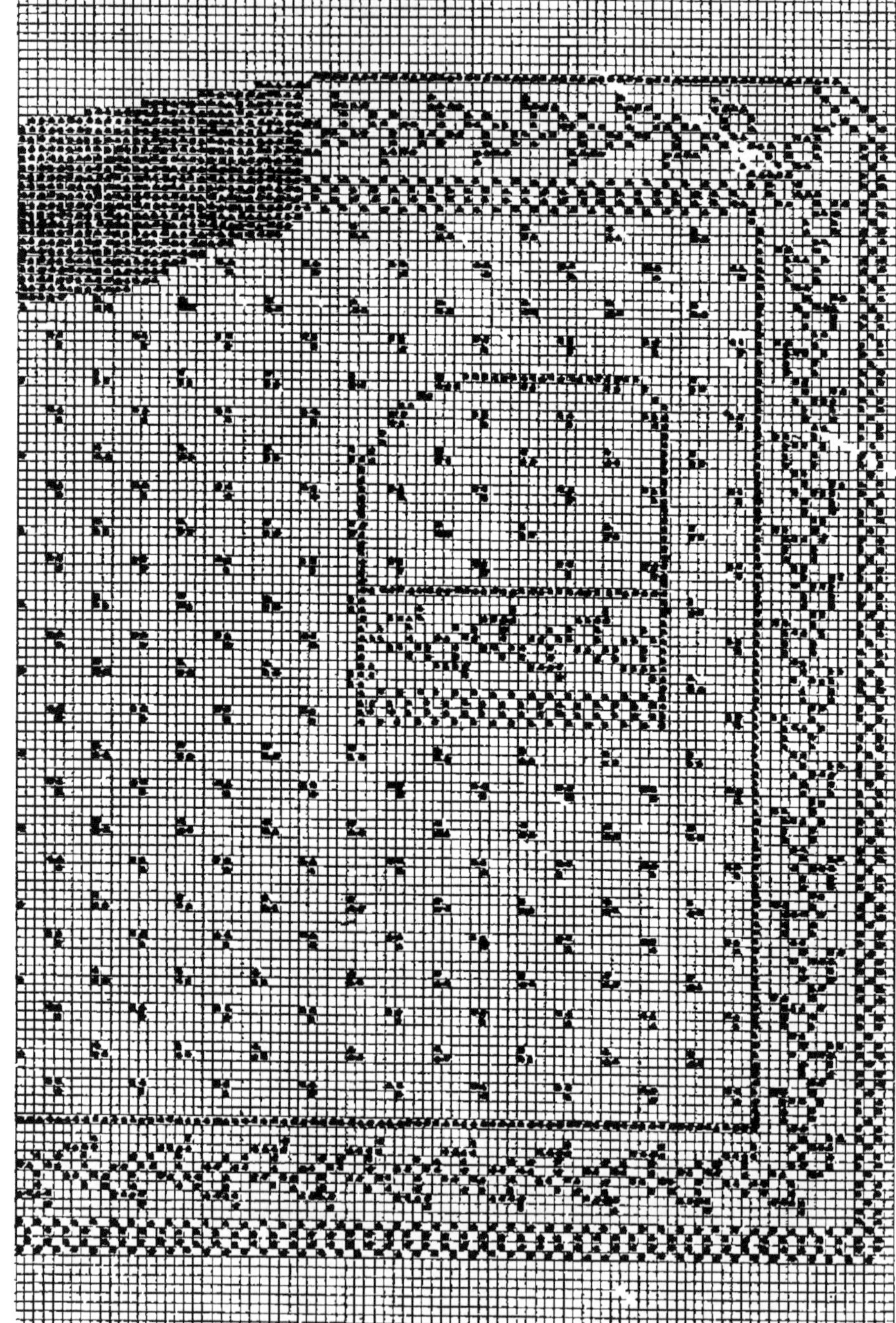

15. Moitié de Brassière.

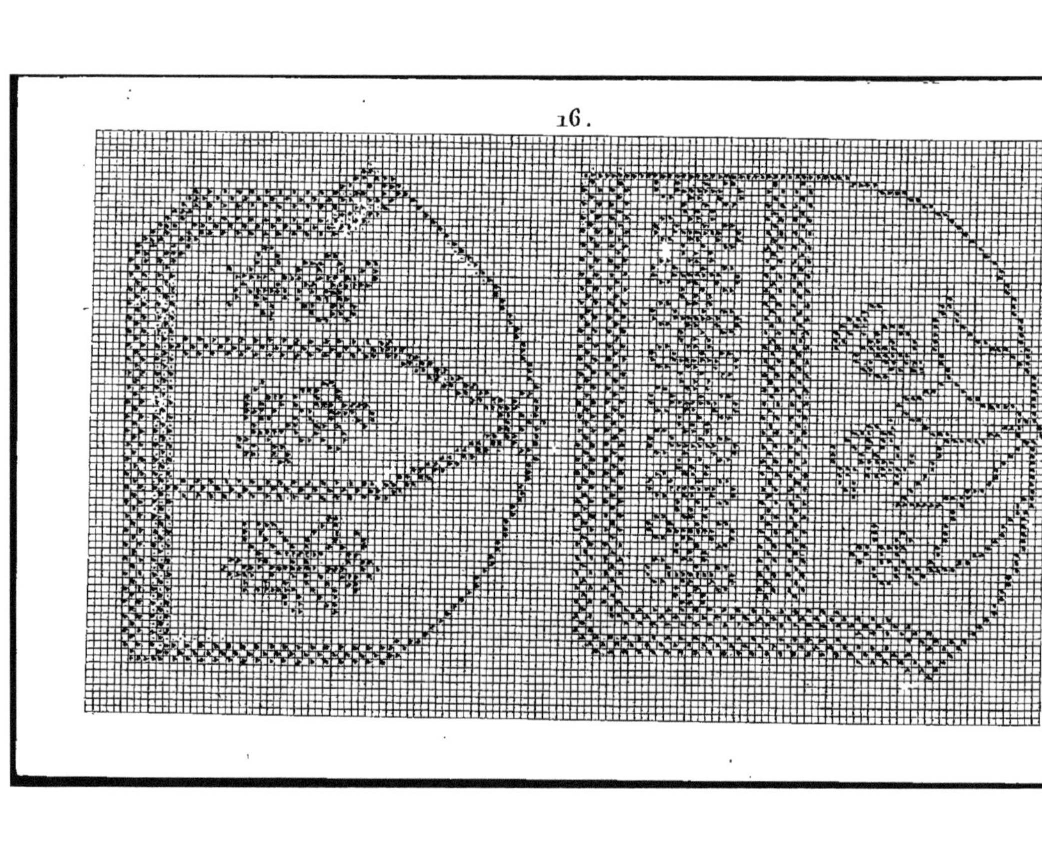

16.

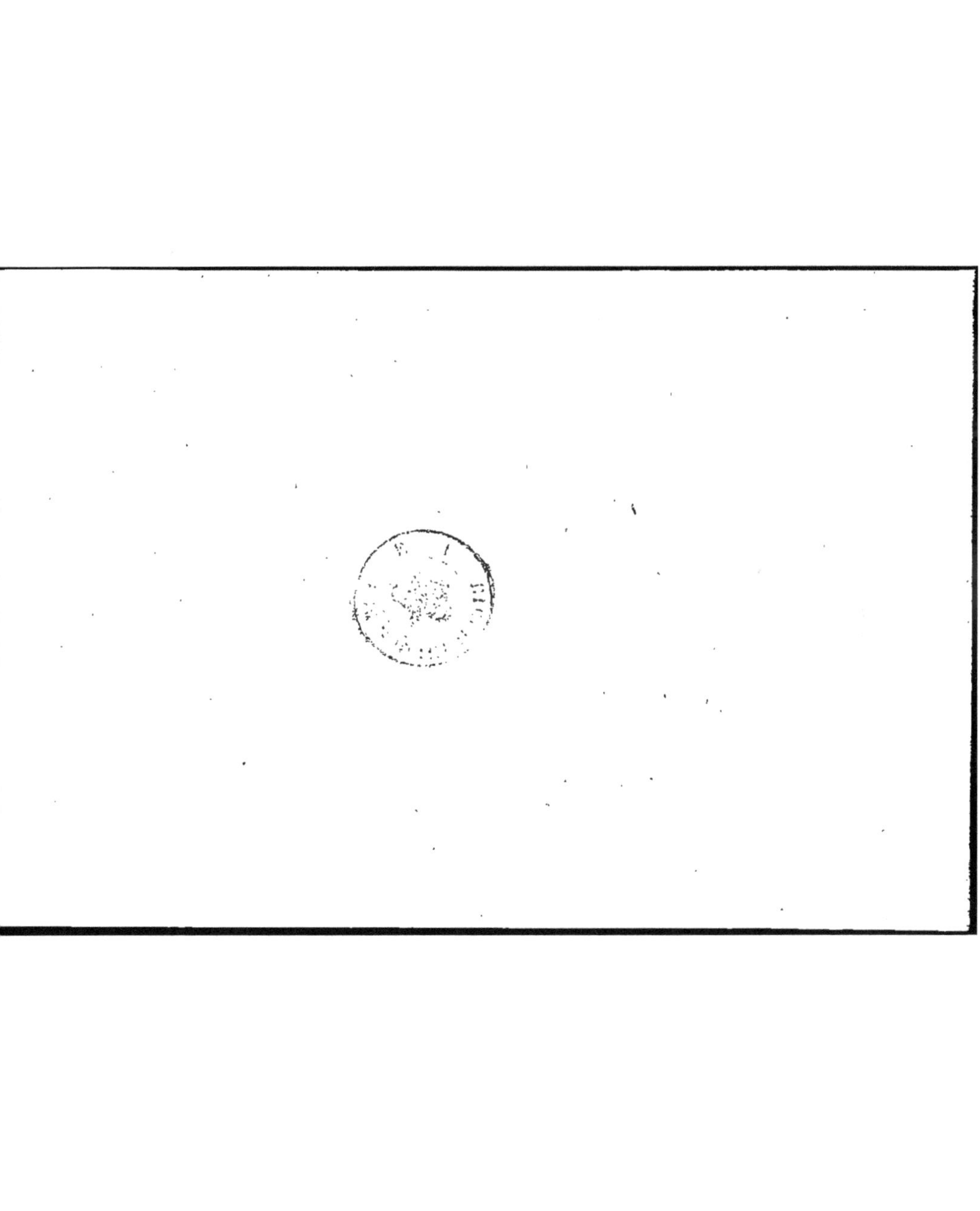

17.

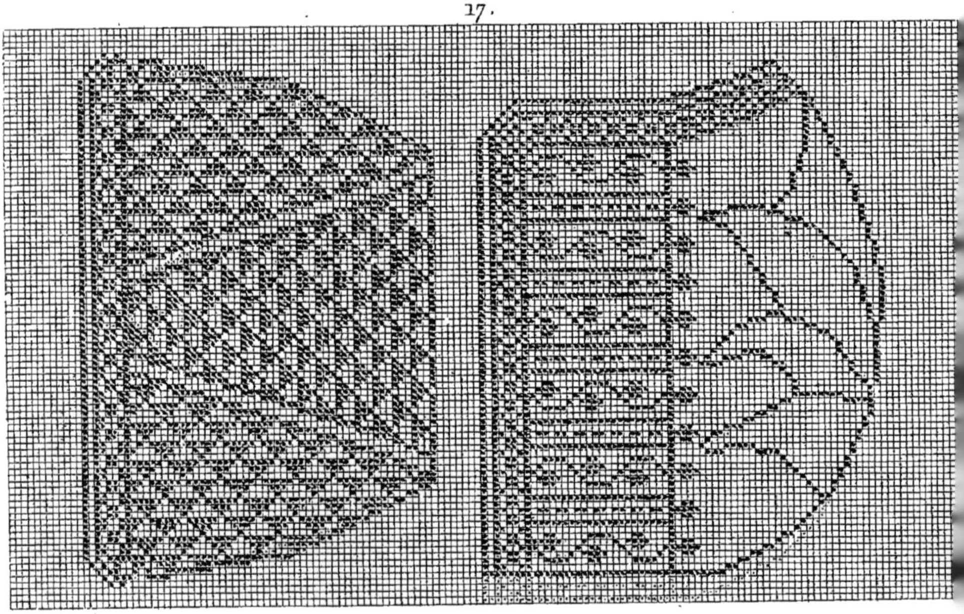

18. Bonnet d'Enfant.

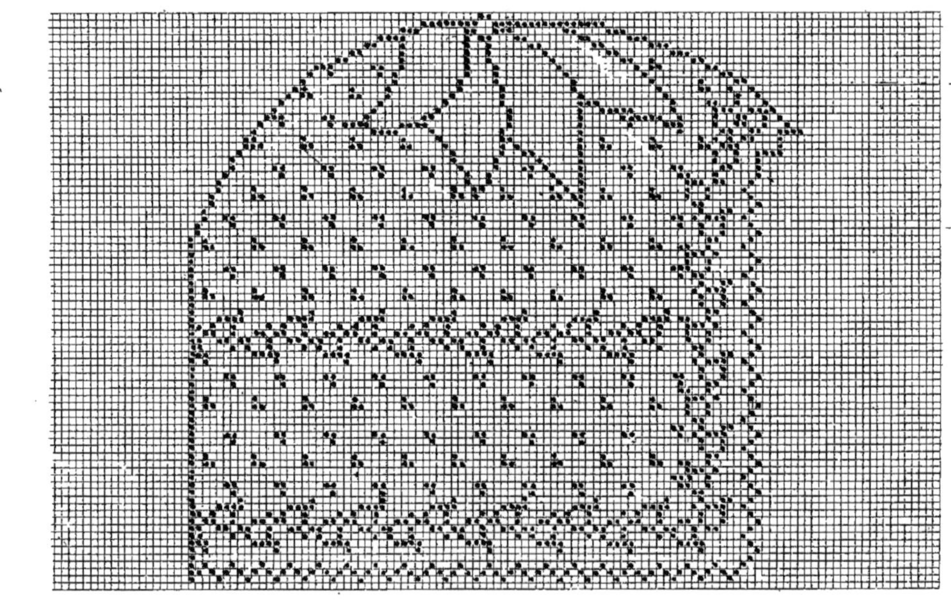

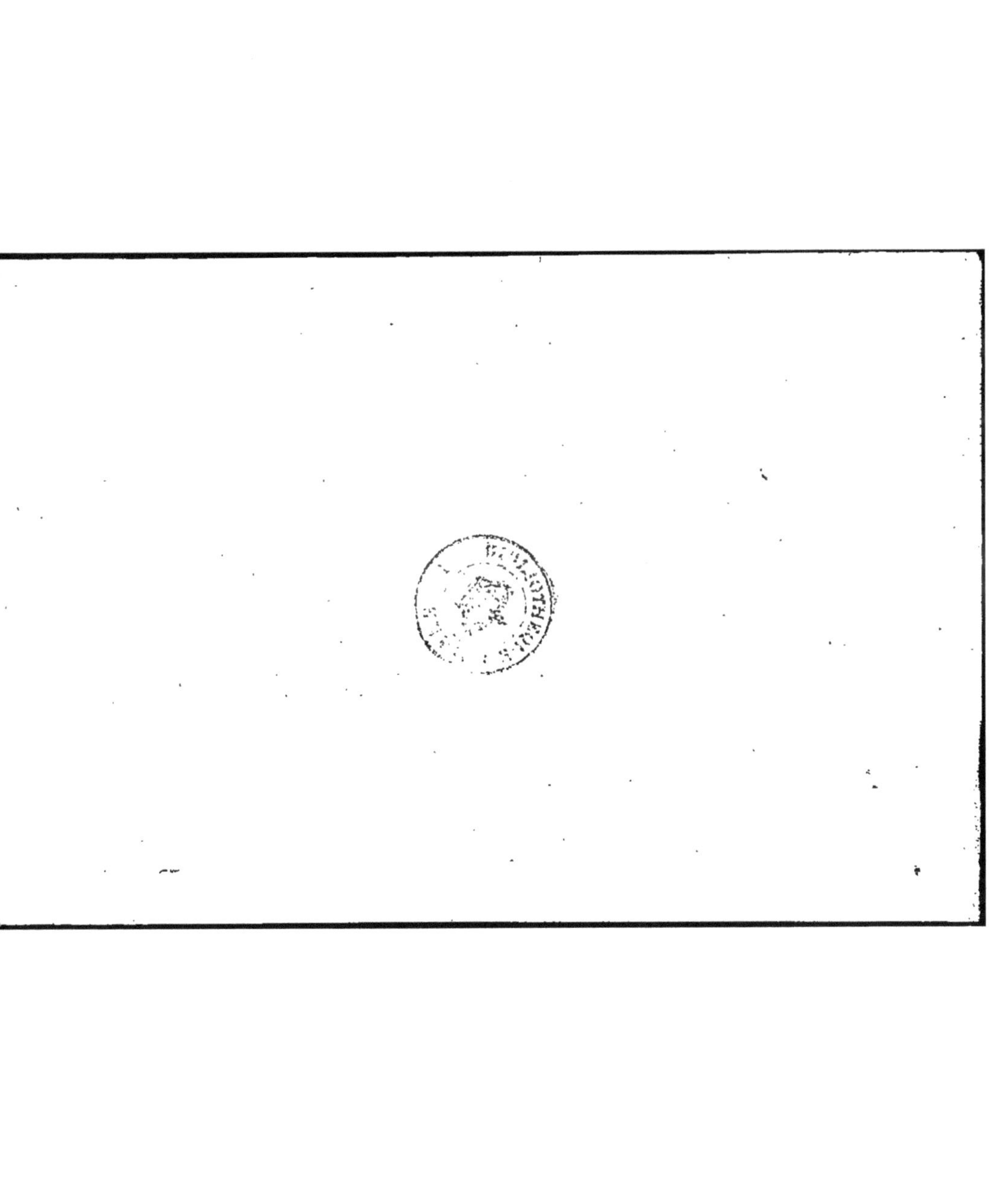

Mitaine . Nos 19 et 20.

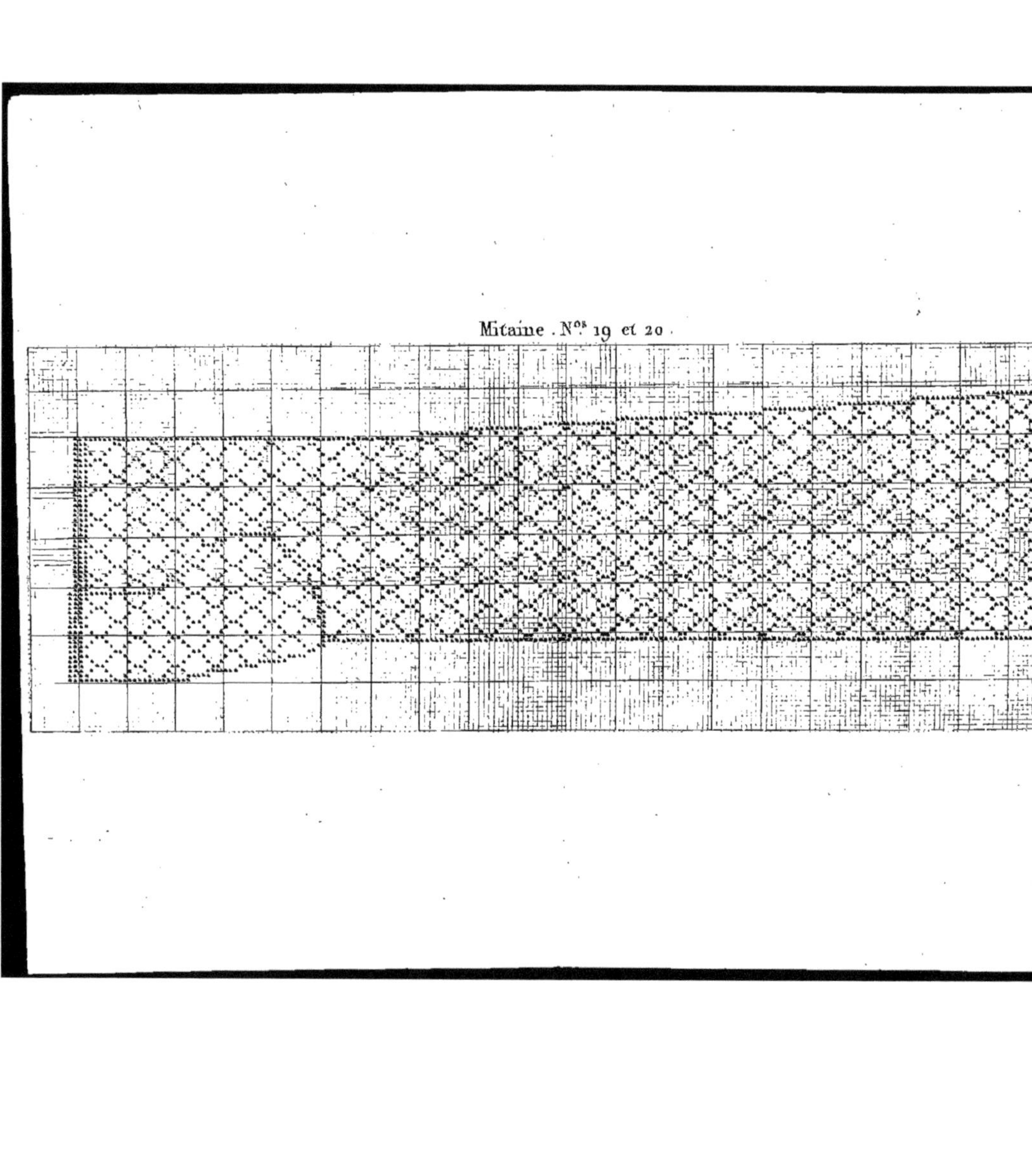

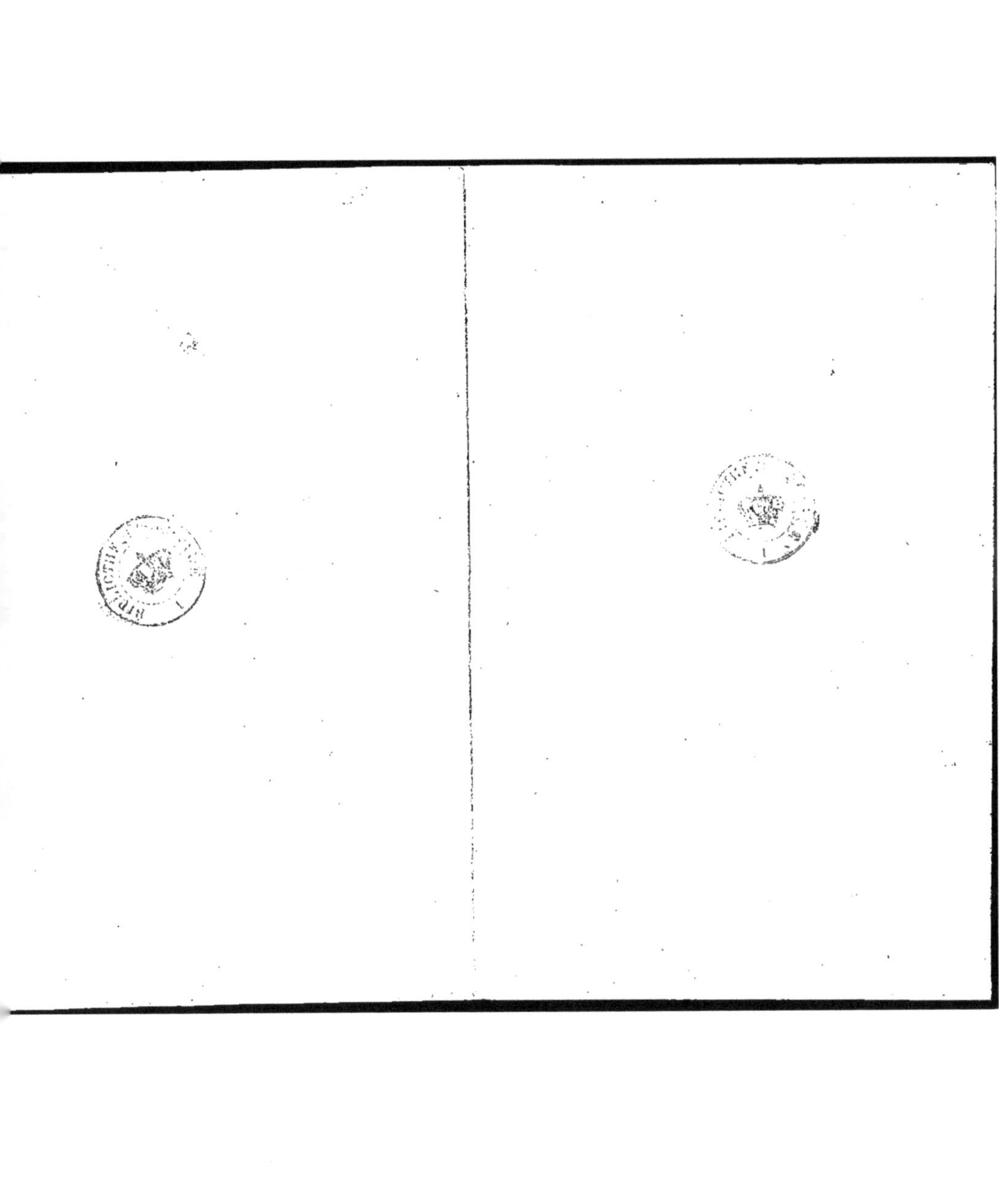

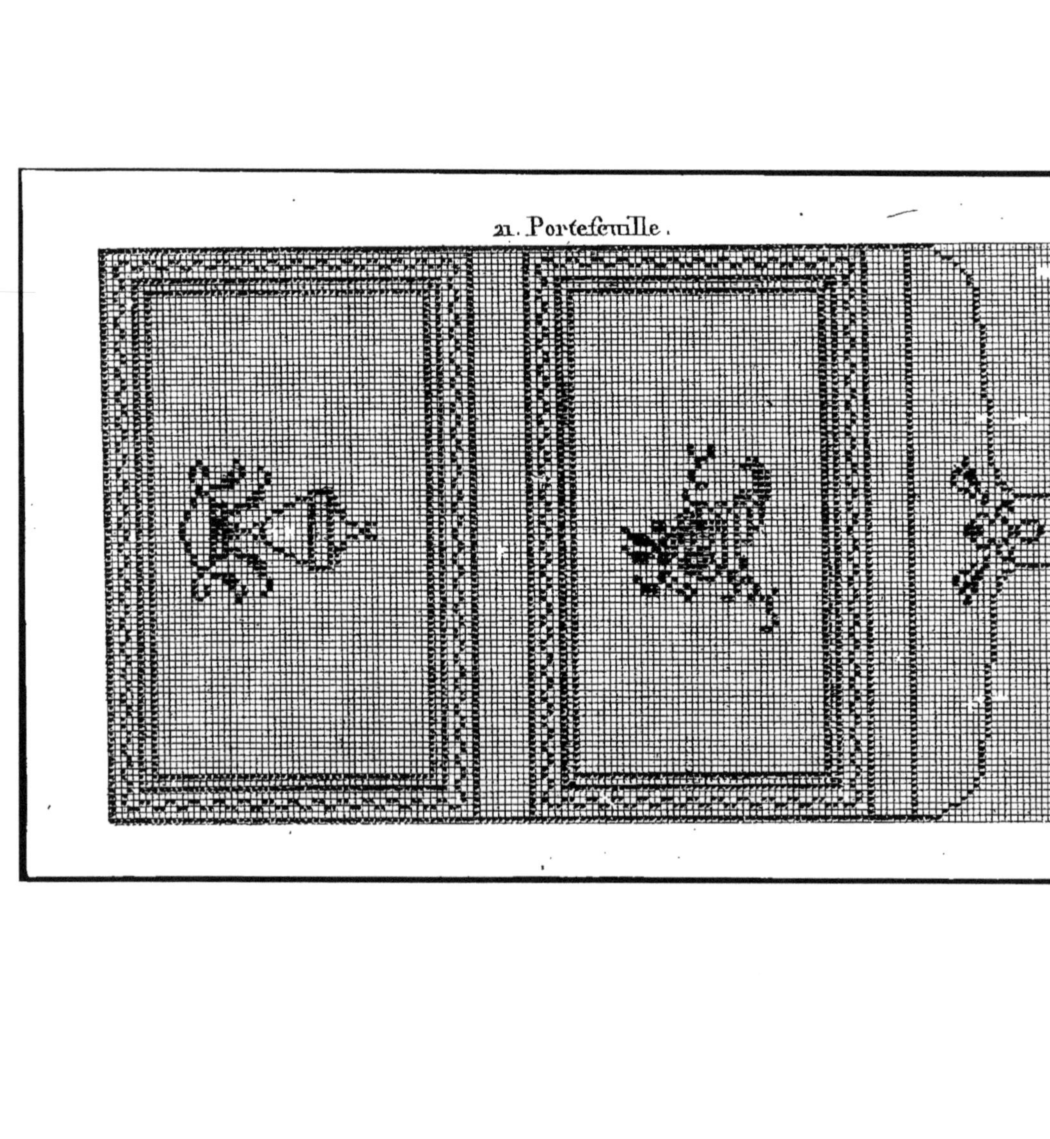
21. Portefeuille.

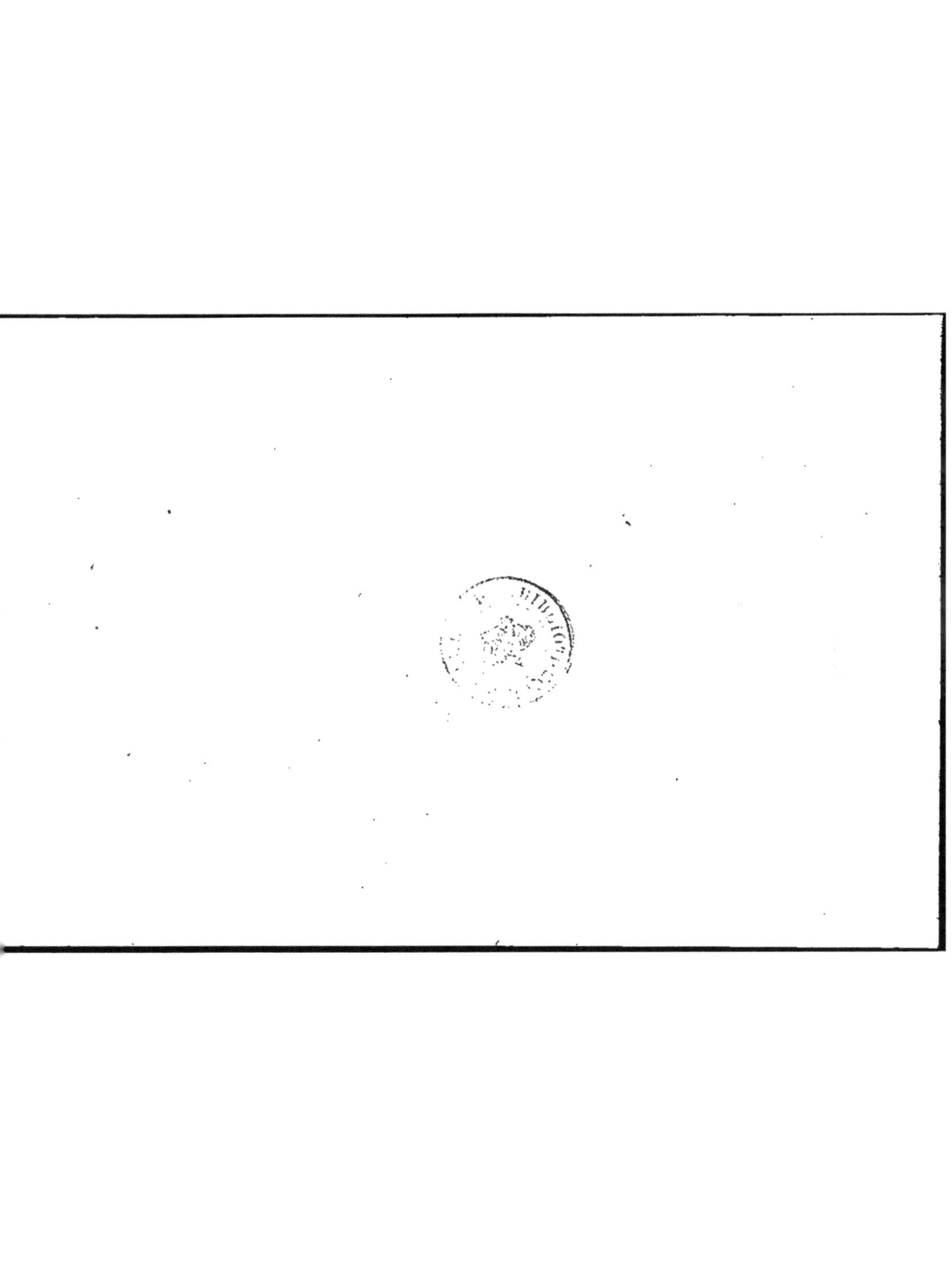

22 . Portefeuille .

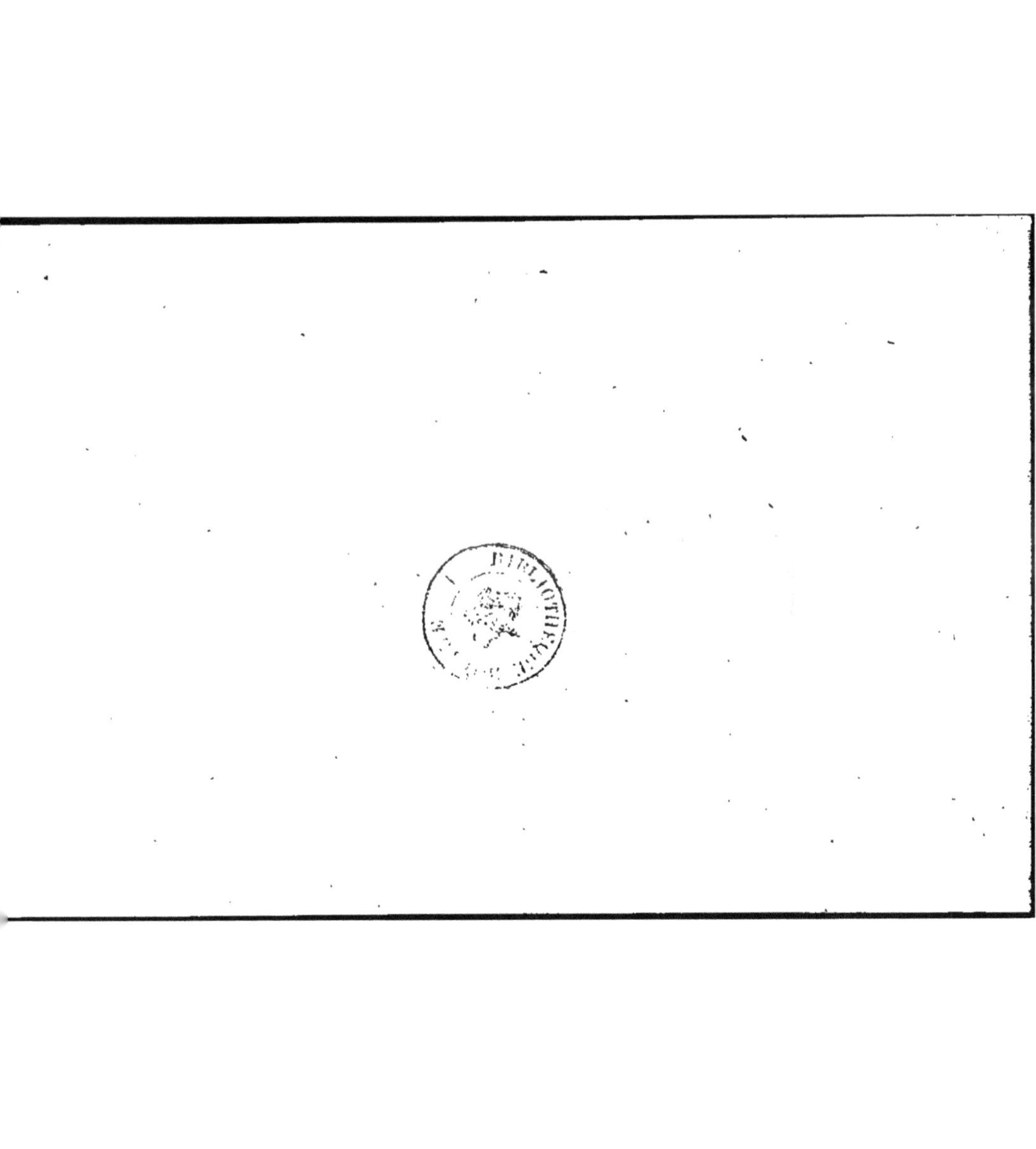

23. Paysage.

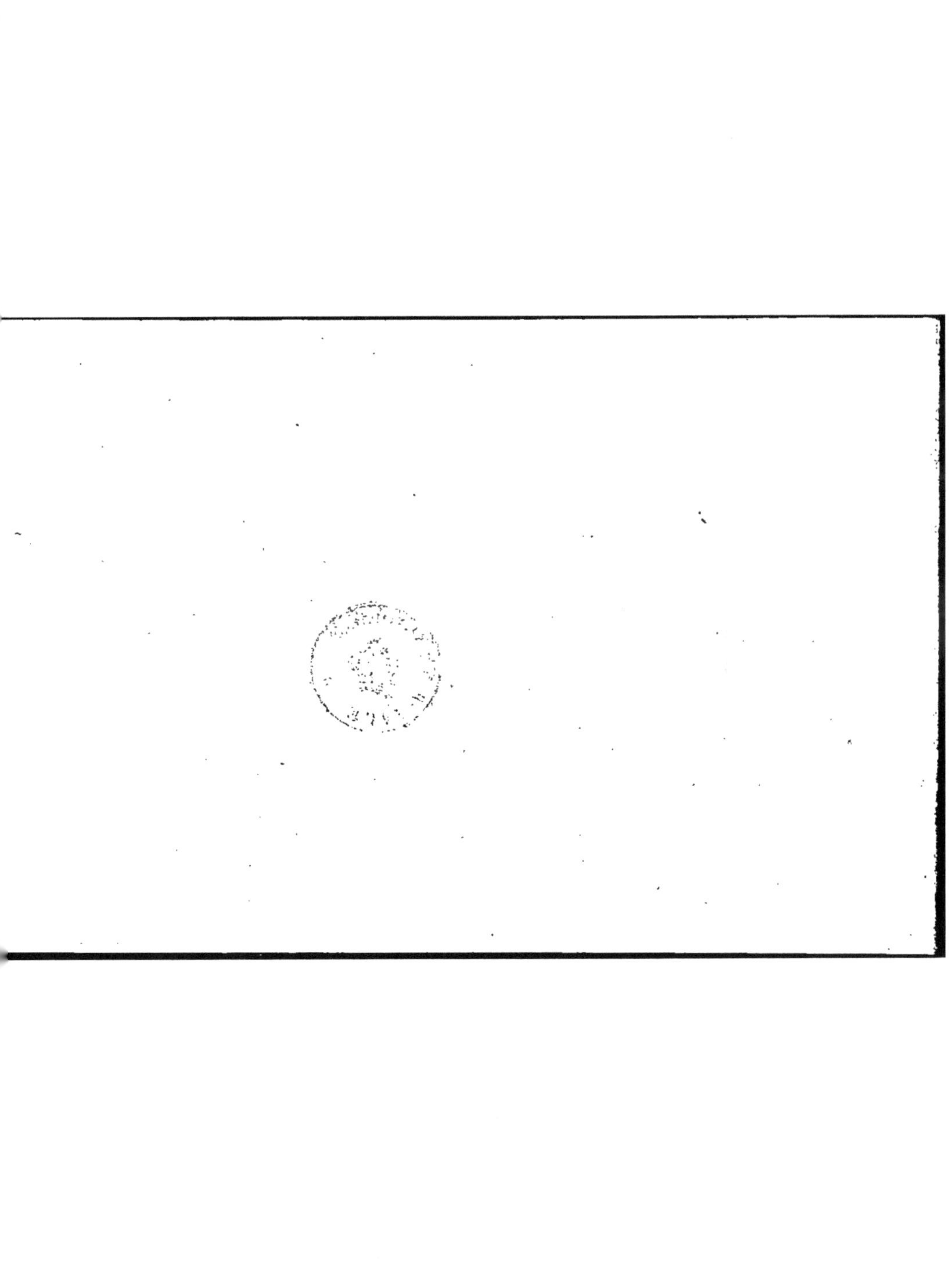

Tricôt au Cadre, N° 24.

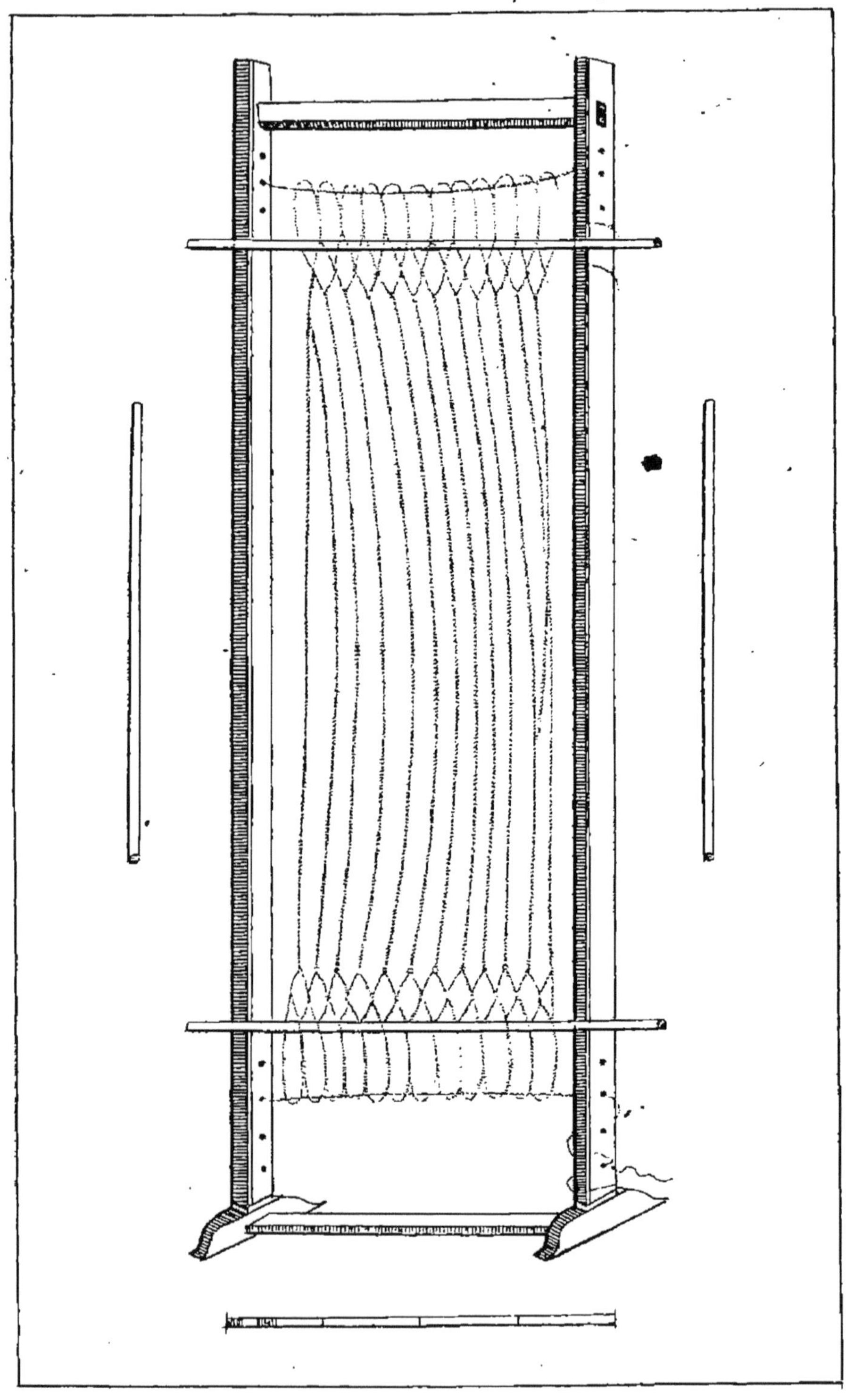

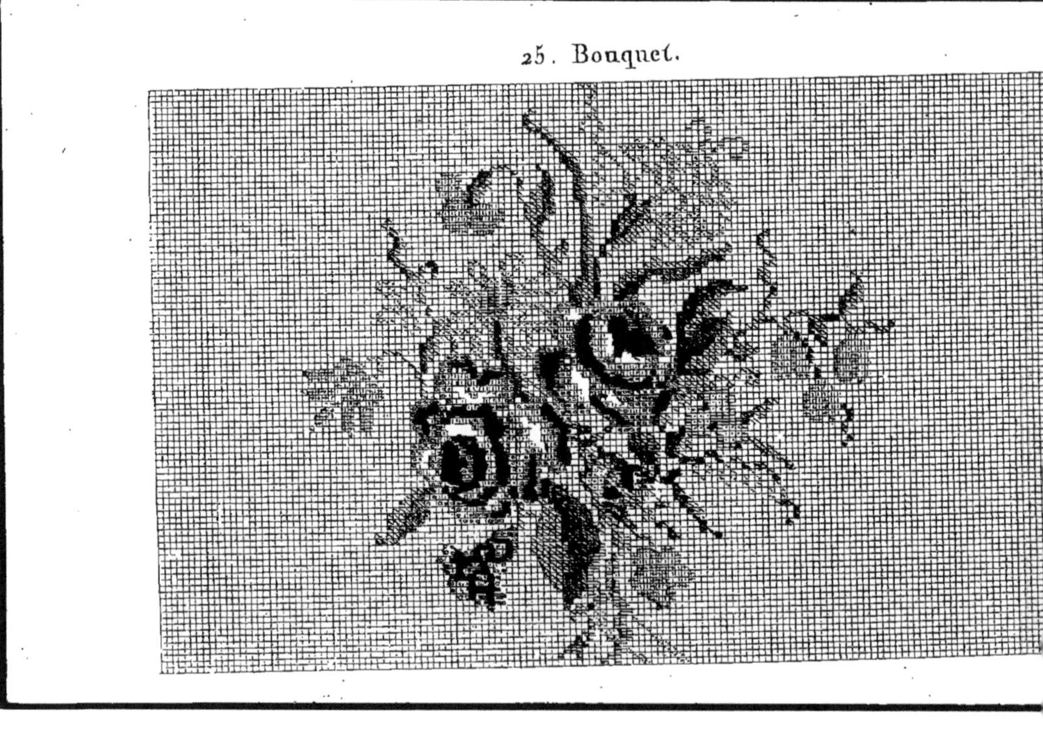

25. Bouquet.

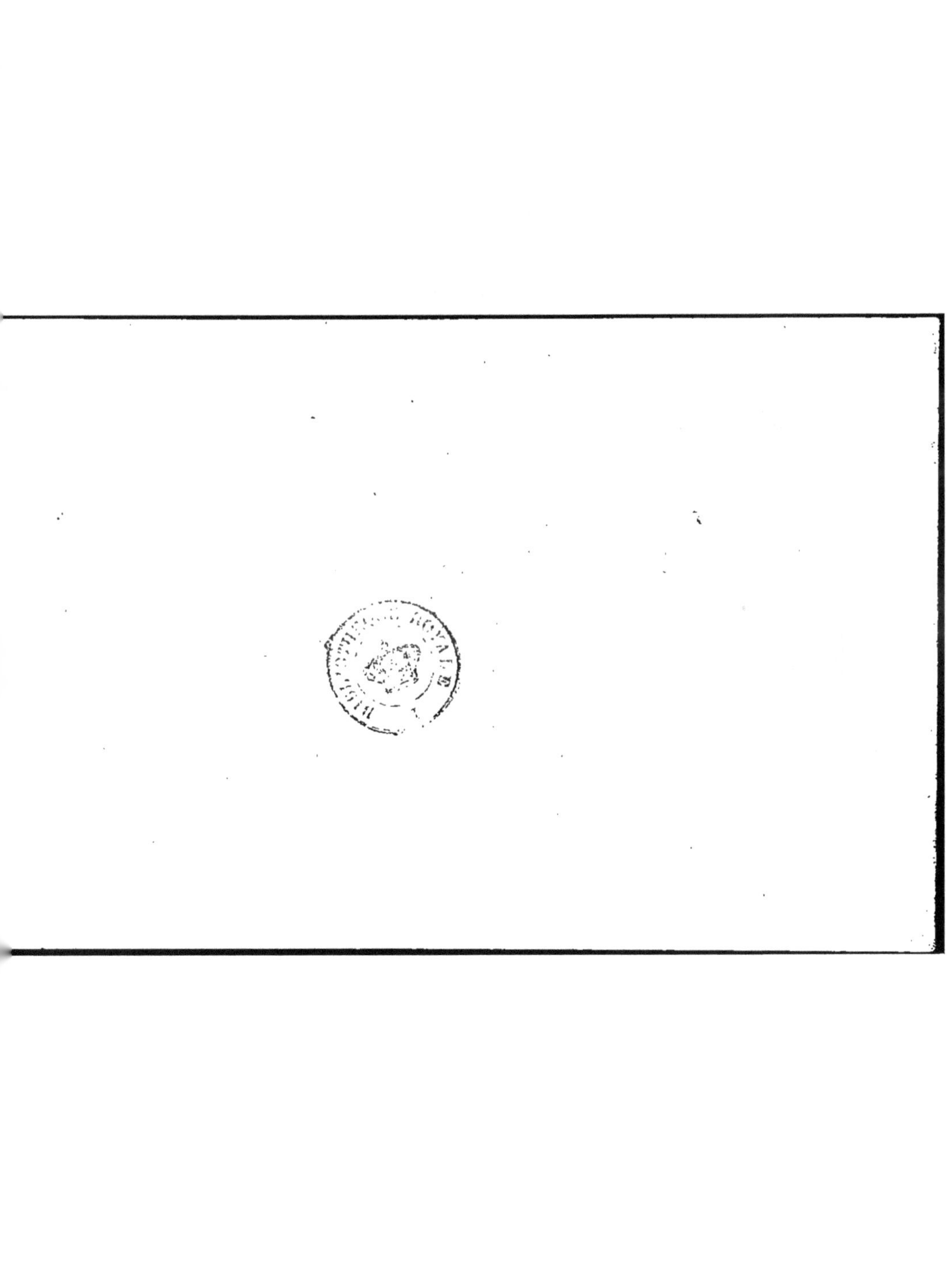

Nº 26.

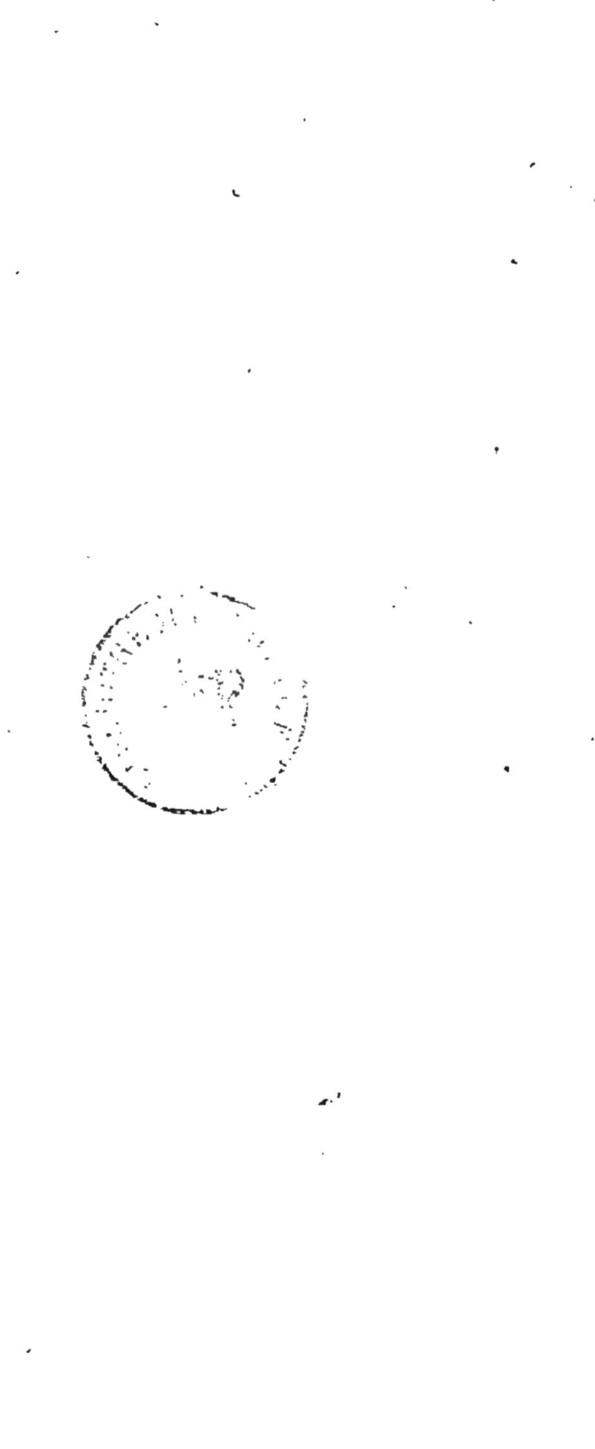

27. Sac a Ouvrage.

28. Bordures diverses.

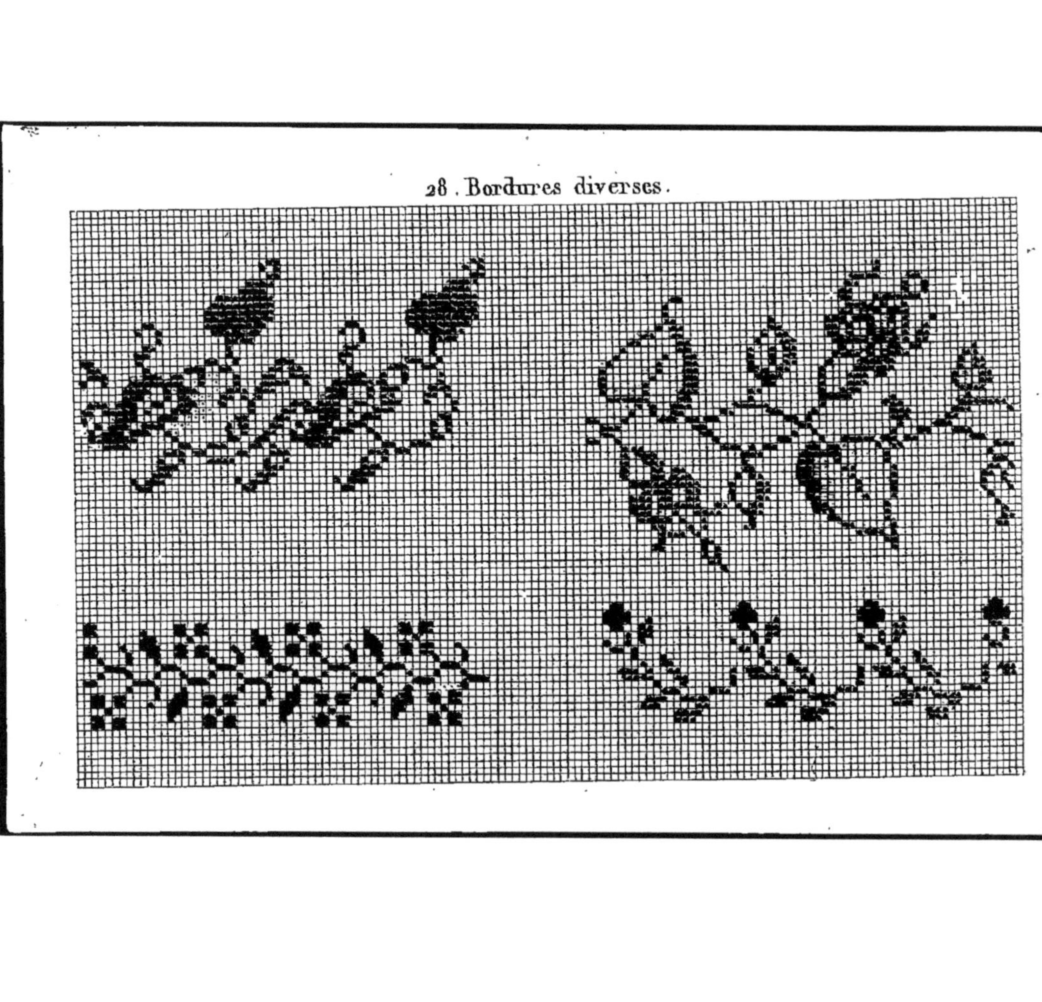

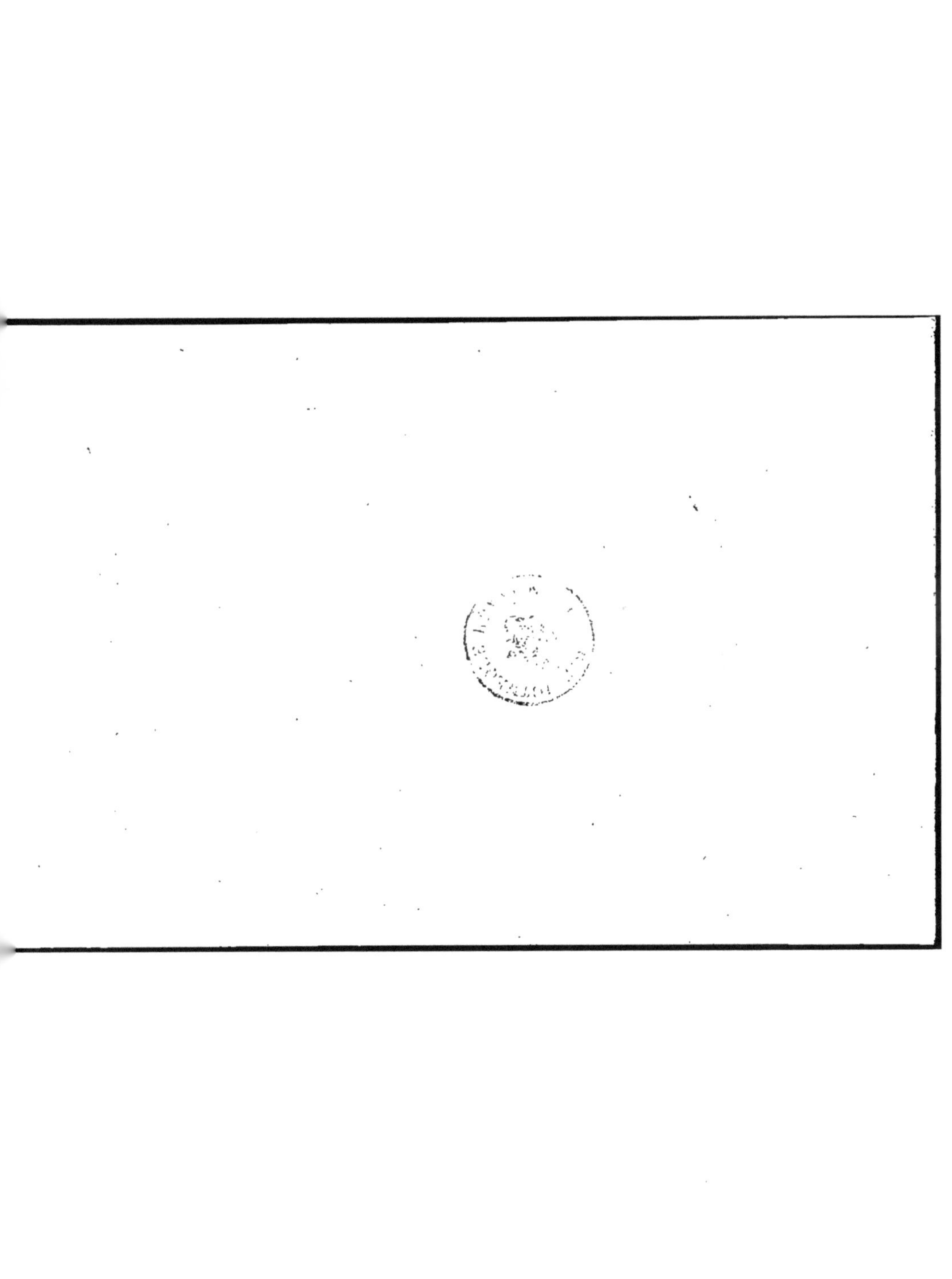

29. Bordures diverses.

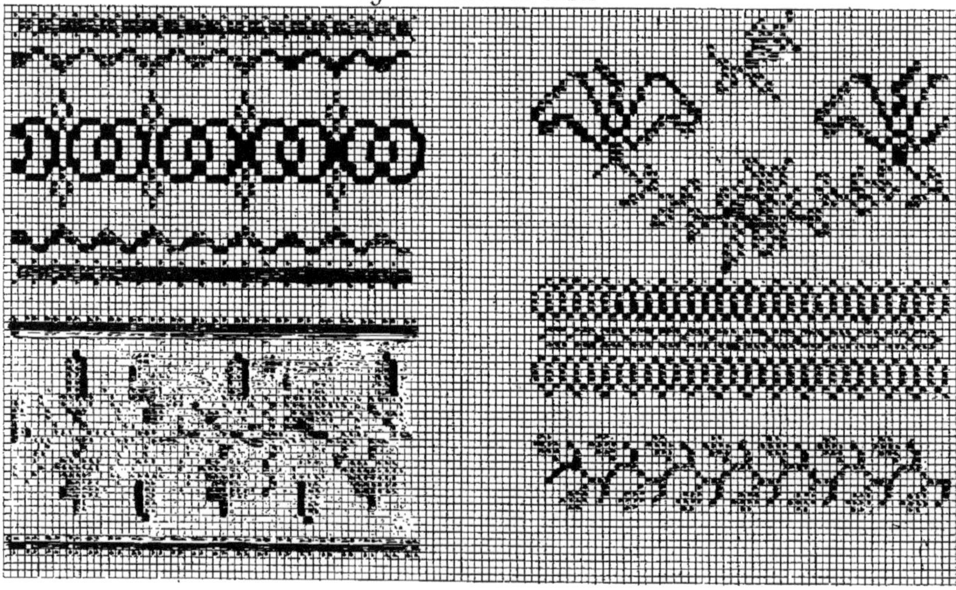

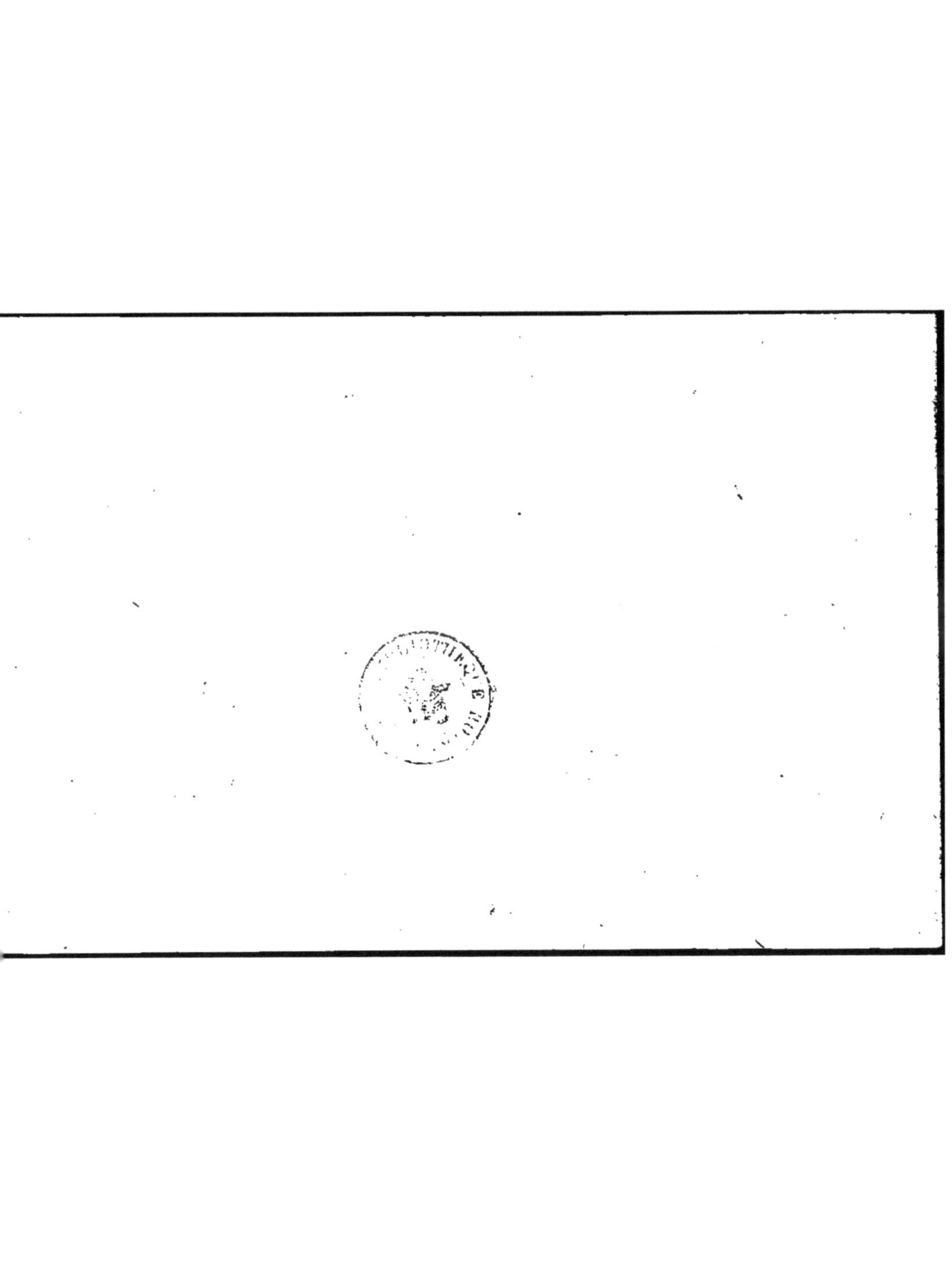

30. Bordures diverses.

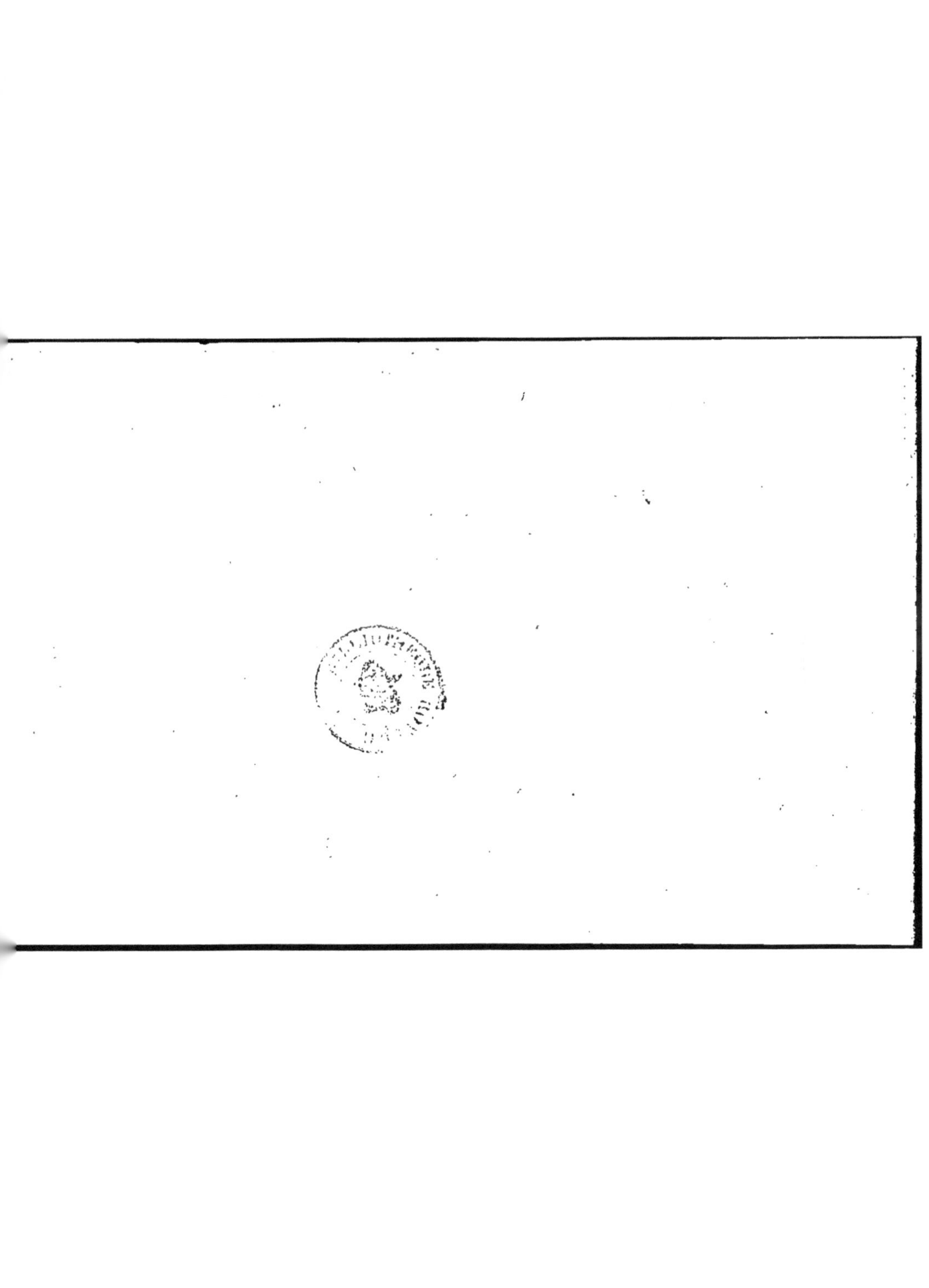

31. Bordure.

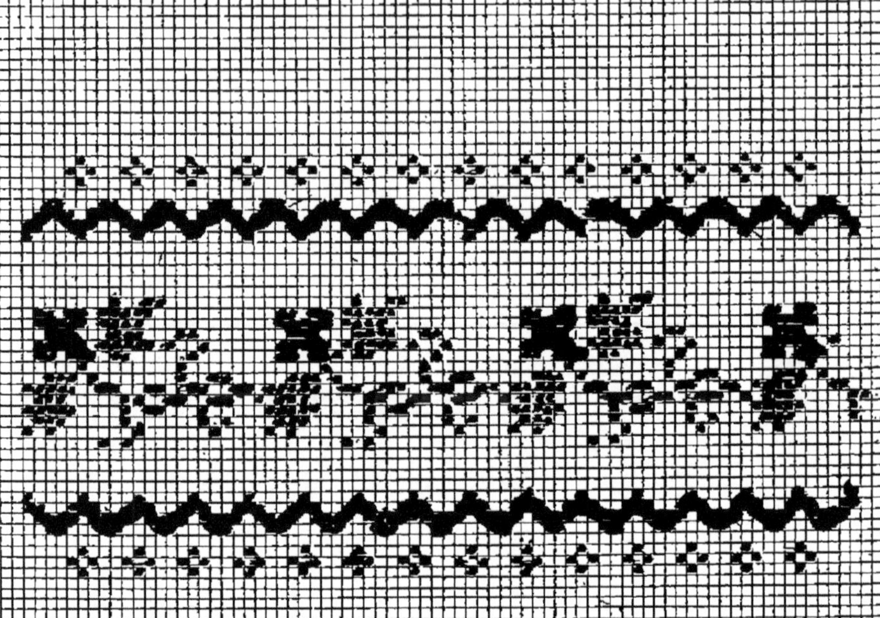

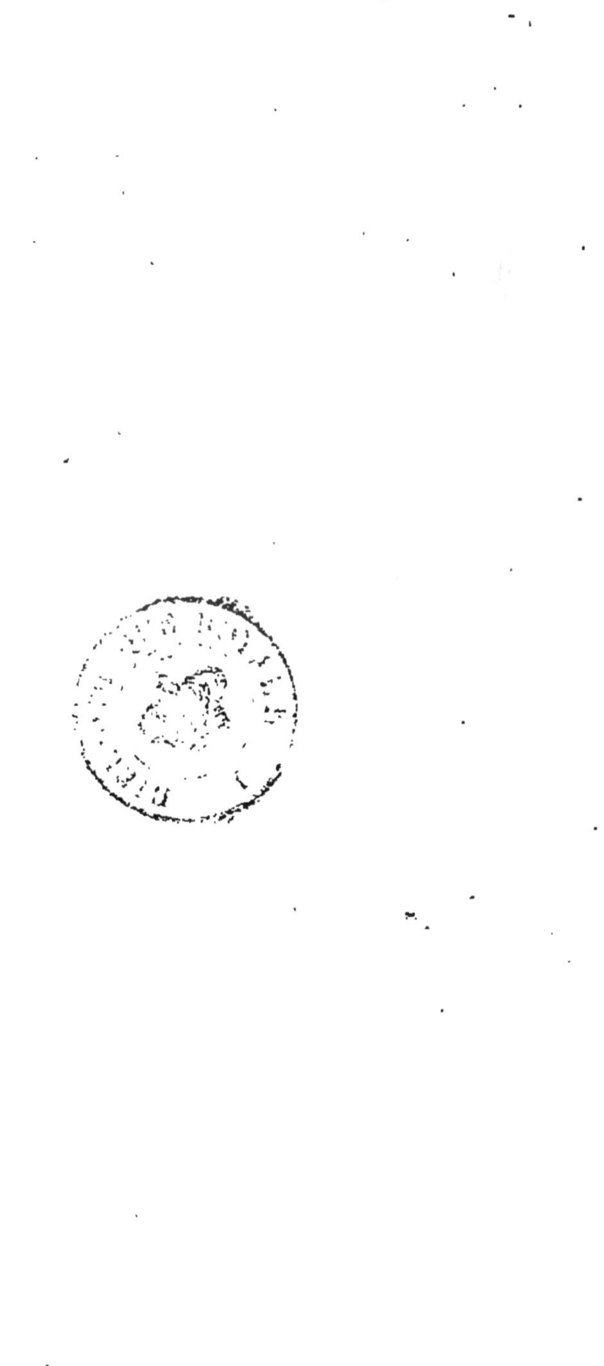

32. Bordure.

www.ingramcontent.com/pod-product-compliance
Ingram Content Group UK Ltd.
Pitfield, Milton Keynes, MK11 3LW, UK
UKHW020604180726
13838UKWH00001B/408

9 782329 12965